P. Stanislaw Rutka CSsR

Wiara i wysiłek, by przekazać ją dalej

AF548513

P. Stanislaw Rutka CSsR

Wiara i wysiłek, by przekazać ją dalej

Wydawnictwo Bezkresy Wiedzy

Imprint
Any brand names and product names mentioned in this book are subject to trademark, brand or patent protection and are trademarks or registered trademarks of their respective holders. The use of brand names, product names, common names, trade names, product descriptions etc. even without a particular marking in this work is in no way to be construed to mean that such names may be regarded as unrestricted in respect of trademark and brand protection legislation and could thus be used by anyone.

Cover image: www.ingimage.com

Publisher:
Wydawnictwo Bezkresy Wiedzy
is a trademark of
International Book Market Service Ltd., member of OmniScriptum Publishing Group
17 Meldrum Street, Beau Bassin 71504, Mauritius
Printed at: see last page
ISBN: 978-620-0-54346-2

Copyright © P. Stanislaw Rutka CSsR
Copyright © 2020 International Book Market Service Ltd., member of OmniScriptum Publishing Group

WIARA I TROSKA O JEJ PRZEKAZ

W ŚWIETLE NAUCZANIA SOBORU WATYKAŃSKIEGO II

KRAKÓW 2013

SPIS TREŚCI

WYKAZ SKRÓTÓW

AK „Ateneum Kapłańskie", Włocławek 1909.

BF *Breviarium fidei.* Wybór doktrynalnych wypowiedzi Kościoła, oprac. S. Głowa, I. Bieda, Poznań 1964 (wyd. II, Poznań 1989).

ChL Paweł II, Adhortacja apostolska *Christifideles laici*, 1988.

ComP „Communio". Międzynarodowy przegląd teologiczny, Poznań 1980.

CT Jan Paweł II, Adhortacja apostolska *Catechesi tradendae*, 1979.

CTh „Collectanea Theologica", Lwów 1931–1939, Warszawa 1949.

DA Sobór Watykański II, Dekret o apostolstwie świeckich *Apostolicam actuositatem*,1965.

DB Sobór Watykański II, Dekret o pasterskich zadaniach biskupów w Kościele *Christus Dominus*, 1965.

DCE Benedykt XVI, Encyklika *Deus Caritas est*, 2005.

DE Sobór Watykański II, Dekret o ekumenizmie *Unitatis redintegratio*, 1964.

DP Sobór Watykański II, Dekret o posłudze i życiu prezbiterów *Presbyterium ordinis*, 1965.

DM Sobór Watykański II, Dekret o działalności misyjnej Kościoła Ad *gentes divinitus*, 1965.

DRN Sobór Watykański II, Deklaracja o stosunku Kościoła do religii niechrześcijańskich *Nostra aetate*, 1965.

DS	H. Denzinger, A. Schönmetzer, *Enchiridion symbolorum, definitionum et declarationum de rebus fidei et morum*, Freiburg i Br. 1976, wyd. XXXVI (wykaz doktrynalnych wypowiedzi Kościoła).
DV	Jan Paweł II, Encyklika *Dominum et vivificantem*, 1986.
DWCH	Sobór Watykański II, Deklaracja o wychowaniu chrześcijańskim *Gravissimum educationis*, 1965.
DWR	Sobór Watykański II, Deklaracja o wolności religijnej *Dignitatis humanae*, 1965.
EK	Encyklopedia Katolicka, Lublin 1985.
EN	Paweł VI, Adhortacja apostolska *Evangelii nuntiandi*, 1975.
FC	Jan Paweł II, Adhortacja apostolska *Familiaris consortio*, 1981.
FR	Jan Paweł II, Encyklika *Fides et ratio*, 1998.
KO	Sobór Watykański II, Konstytucja dogmatyczna o Objawieniu Bożym *Dei verbum*, 1965.
KDK	Sobór Watykański II, Konstytucja duszpasterska o Kościele w świecie współczesnym *Gaudium et spes*, 1965.
KK	Sobór Watykański II, Konstytucja dogmatyczna o Kościele *Lumen gentium*, 1964.
KKK	Katechizm Kościoła katolickiego,1992.
KL	Sobór Watykański II, Konstytucja o liturgii świętej *Sacrosanctum Concilium*, 1963.
KPK	Kodeks prawa kanonicznego, 1983.

OsRomPol „L'Osservatore Romano", wersja polska, Watykan 1980.

PG Jan Paweł II, Adhortacja apostolska *Pastores gregis*, 2003.

RMis Jan Paweł II, Encyklika *Redemptoris missio*, 1990.

Sps Benedykt XVI, Encyklika *Spe salvi*, 2007.

VD Benedykt XVI, Adhortacja apostolska *Verbum Domini*, 2010.

WPROWADZENIE

Przekazywanie i umacnianie wiary w Boga objawionego w Jezusie Chrystusie, które zawsze należało do najważniejszych zadań Kościoła, stało się szczególnie ważne w naszych czasach. Również dziś musimy na nowo odkrywać wiarę, która jest darem, na nowo ją odkrywać, pielęgnować i dawać o niej świadectwo. Taki właśnie cel przyświeca obchodom Roku Wiary, podczas którego Kościół „chce przyczynić się do nawrócenia na nowo do Pana Jezusa i odkrycia wiary, aby wszyscy członkowie Kościoła stali się wiarygodnymi i radosnymi świadkami zmartwychwstałego Pana w dzisiejszym świecie, potrafiącymi wskazać tak licznym osobom poszukującym «bramę wiary». Ta «brama» otwiera człowiekowi oczy na Jezusa Chrystusa, który jest z nami «przez wszystkie dni, aż do skończenia świata» (Mt 28,20)"[1].

Głoszenie w świecie Ewangelii o zmartwychwstałym Synu Bożym i umożliwianie ludziom dostęp do wiary staje się zadaniem szczególnie pilnym w kontekście procesu sekularyzacji i dechrystianizacji, który osiągnął niespotykane dotąd rozmiary. Wielu chrześcijan – zwłaszcza w Europie – żyje tak, jakby Boga nie było, lekceważąc Boże prawo i ulegając laicystycznej propagandzie, która lansuje hedonizm i nihilizm. W dzisiejszej sytuacji Bóg – jak się wydaje – zniknął z horyzontu życia wielu mieszkańców lub stał się rzeczywistością, wobec której pozostają oni zupełnie obojętni[2].

Nie jest przypadkiem, że ustanowienie Roku Wiary zostało połączone z 50. rocznicą rozpoczęcia Soboru Watykańskiego II. Benedykt XVI jako papież nie przestawał zachęcać do pogłębiania znajomości nauczania soboru w przekonaniu, że taka lektura pomoże Kościołowi znaleźć adekwatne do dzisiejszych czasów

---

[1] Kongregacja Nauki Wiary, *Nota zawierająca wskazania duszpasterskie na Rok Wiary*. Wprowadzenie, Watykan 2012.

[2] Por. Jan Paweł II, Adhortacja apostolska o Jezusie Chrystusie, który żyje w Kościele, jako źródło nadziei dla Europy *Ecclesia in Europa*, nr 9.

sposoby umacniania i przekazywania wiary. Papież czynił to w przekonaniu, że „nowa ewangelizacja rozpoczęła się wraz z Soborem Watykańskim II"[3]. *Instrumentum laboris*, dokument XIII Zwyczajnego Zgromadzenia Ogólnego Synodu Biskupów na temat „Nowej ewangelizacji dla przekazu wiary chrześcijańskiej", stwierdza, że to właśnie Sobór Watykański II dał impuls do wznowienia działalności ewangelizacyjnej Kościoła, której częścią jest przekazywanie wiary[4].

Wiara i jej przekazywanie w świetle nauczania Soboru Watykańskiego II stanowi przedmiot rozważań autora zawartych w niniejszej książce. Odwołując się do treści i do ducha tekstów soborowych, dokona on próby syntezy, która obejmuje naturę wiary, ukazując istotne jej elementy oraz problem jej przekazywania w Kościele. Rozważania te będą się koncentrowały głównie na kwestiach doktrynalnych, pozostawiając w tle takie zagadnienia, jak: przyczyny oraz przejawy współczesnej erozji wiary w świecie, uwarunkowania przekazu wiary i rola struktur kościelnych w rozprzestrzenianiu prawdy chrześcijańskiej.

Trzeba zauważyć, że wiara w nauczaniu Soboru Watykańskiego II to temat niezwykle szeroki i wieloaspektowy. Chociaż sobór nie zostawił nam żadnego osobnego dokumentu ani nawet rozdziału wyraźnie poświęconego wierze, jak to uczyniły niektóre wcześniejsze sobory[5], to jednak przypisuje on wierze ogromne

---

[3] Benedykt XVI, *La nuova evangelizzazione è iniziata con il concilio Vaticano II*, „L'Osservatore Romano", Roma 21.09.2012, s. 8.

[4] „Choć zamysł wznowienia działalności ewangelizacyjnej Kościoła znalazł swój ostateczny wyraz w decyzjach papieża Benedykta XVI (...), to początki tego zamysłu są o wiele głębsze, a jego korzenie bardziej odległe. Zamysł ten ożywiał bowiem nauczanie i posługę apostolską papieża Pawła VI i papieża Jana Pawła II. Co więcej, początków tego zamysłu należy szukać w Soborze Watykańskim II i w jego woli, by dać odpowiedź na dezorientację doświadczaną również przez chrześcijan w obliczu wielkich przeobrażeń i podziałów, których doświadczał świat w tamtej epoce; dać odpowiedź, która nie byłaby naznaczona pesymizmem i rezygnacją, lecz odradzającą mocą powszechnego powołania do zbawienia, którego Bóg chce dla każdego człowieka"; Synod Biskupów, XIII Zwyczajne Zgromadzenie Ogólne, Nowa ewangelizacja do przekazywania wiary chrześcijańskiej *Instrumentum laboris*, Rzym, 27 V 2012, Libreria Editrice Vaticana 2012, nr 10.

[5] Przede wszystkim Sobór Watykański I, który w Konstytucji dogmatycznej o wierze katolickiej *Dei Filius* (1870), szczególnie w rozdziałach III i IV, sprecyzował funkcje rozumu i woli

znaczenie. W sposób niezwykle dobitny zwrócił na to uwagę Paweł VI: „Sobór, choć nie traktuje wyraźnie o wierze, mówi o niej jednak na każdej stronie. Uznaje on jej żywotny i nadprzyrodzony charakter, przyjmuje ją jako całkowitą i mocną, i na niej buduje swoją naukę”[6].

Autor, dokonując syntezy nauczania Soboru Watykańskiego II, posłużył się głównie tekstami Soboru Watykańskiego II wprost lub pośrednio nawiązującymi do wiary. Są one rozproszone szczególnie w takich dokumentach, jak: Konstytucja dogmatyczna o Objawieniu Bożym, Konstytucja dogmatyczna o Kościele, Konstytucja duszpasterska o Kościele w świecie współczesnym, Konstytucja o liturgii świętej, Dekret o apostolstwie świeckich, Dekret o pasterskich zadaniach biskupów w Kościele, Dekret o posłudze i życiu prezbiterów, Dekret o ekumenizmie, Dekret o misyjnej działalności Kościoła, Deklaracja o stosunku Kościoła do religii niechrześcijańskich, Deklaracja o wychowaniu chrześcijańskim oraz Deklaracja o wolności religijnej. Znajdą się tu również odniesienia do dokumentów Magisterium Kościoła okresu posoborowego, które wyraźnie nawiązują do myśli soborowej, komentując, rozwijając i pogłębiając naukę soboru[7]. Wśród nich szczególne miejsce zajmuje Katechizm Kościoła katolickiego, nazywany „symfonią wiary”[8], który z jednej strony stanowi „autentyczny owoc Soboru Watykańskiego II”[9], a z drugiej pragnie ułatwiać jego

---

współdziałających z łaską w akcie wiary i ukazał relacje między wiarą a rozumem; por. BF I, 48–65.

[6] Paweł VI, *Nauka Vaticanum II o wierze*, przemówienie podczas audiencji generalnej 8 III 1967, w: Paweł VI, *Trwajcie mocni w wierze*, t. 1, Kraków 1970, s. 311.

[7] Paweł VI, Adhortacja apostolska o ewangelizacji w dzisiejszym świecie *Evangelii nuntiandi*; Jan Paweł II, Encyklika o relacjach między wiarą a rozumem *Fides et ratio*; tenże, Encyklika o stałej aktualności posłania misyjnego *Redemptoris missio*; tenże, Encyklika o Duchu Świętym w życiu Kościoła i świata *Dominum et vivificantem*; tenże, Adhortacja o powołaniu i misji świeckich *Christifideles laici*; tenże, Posynodalna adhortacja o biskupie słudze Ewangelii Jezusa Chrystusa dla nadziei świata *Pastores gregis*; Benedykt XVI, Posynodalna adhortacja o Słowie Bożym w życiu i misji Kościoła *Verbum Domini*; tenże, List apostolski w formie motu proprio *Porta fidei*.

[8] Jan Paweł II, Konstytucja apostolska *Fidei depositum*, nr 2.

[9] Benedykt XVI, List apostolski w formie motu proprio *Porta fidei*, Rzym, 11 X 2011, Wydawnictwo Biblos, Tarnów 2012, nr 4.

recepcję[10].

Wyniki analizy dokumentów Soboru Watykańskiego II oraz posoborowych dokumentów Kościoła powszechnego zostały zebrane w sposób syntetyczny i uporządkowany celem zaprezentowania współczesnej doktryny katolickiej w odniesieniu do wiary. Zgodnie ze specyfiką teologii pastoralnej, autor uwzględnił również aspekt praktyczny omawianego zagadnienia.

Książka zawiera trzy rozdziały. W pierwszym z nich wiara została rozpatrzona jako dzieło zbawiającego Boga, w nawiązaniu do słów św. Pawła, który mówi: „Łaską bowiem jesteście zbawieni przez wiarę. A to pochodzi nie od was, lecz jest to dar Boga" (Ef 2,8). Zagadnienie wiary ukazano tu jako dwustronną relację, której inicjatorem pozostaje zawsze Bóg. Wychodząc od soborowej Konstytucji dogmatycznej o Objawieniu Bożym, która ujmuje wiarę jako odpowiedź człowieka na objawienie Boga, autor podkreśla, że nadprzyrodzony charakter należy do samej istoty wiary chrześcijańskiej. Uwydatnia również, że ów dialog zbawienia jest możliwy jedynie z pomocą Ducha Świętego, który udziela człowiekowi wewnętrznych dyspozycji do przyjęcia daru objawienia.

Rozdział drugi koncentruje się na prawdzie, że wiara, będąc w pełni dziełem Boga, jest również dziełem człowieka, aktem autentycznie ludzkim. Wiara to dar Boży, który nadaje kierunek i sens ludzkiemu życiu, gdy tylko człowiek w swej wolności zadecyduje o jego przyjęciu. Bóg bowiem niczego nie narzuca człowiekowi, lecz objawiając samego siebie i oferując mu swoje zbawienie, odwołuje się do jego wolności i odpowiedzialności. Człowiek może przyjąć dar wiary i przez współpracę z łaską Bożą rozwijać go w swoim życiu. Może go też odrzucić, oddalając się tym samym od źródła życia. W nauczaniu Soboru Watykańskiego II wiara posiada rys personalistyczny, polega na głębokiej osobistej relacji z Chrystusem, która przejawia się w zaufaniu i posłuszeństwie

---

[10] Kongregacja Nauki Wiary, *Nota zawierająca wskazania duszpasterskie na Rok Wiary*, Watykan 2012, Wprowadzenie.

względem Jego nauki. Nie jest ona ani wyłącznie aktem rozumu, ani samą tylko decyzją woli czy porywem uczuć, ale wyrazem całego człowieka, który powierza całego siebie Bogu. Wiara chrześcijańska jest ze swej natury rzeczywistością dynamiczną. To proces, który dokonuje się z inicjatywy Boga i obejmuje nie tylko odpowiedź człowieka zawierzającego się Bogu, ale domaga się też wzrostu. Dokonuje się on przez stałe przyjmowanie daru wiary oraz przekazywanie go innym.

Rozważania w rozdziale trzecim zostały skoncentrowane wokół prawdy, że przekazywanie wiary jest związane z istotą Kościoła, który cały jest misyjny ze swej natury. Kościół jest misyjny, ponieważ zgodnie z zamysłem Boga Ojca wyrasta z misji Jezusa Chrystusa oraz misji Ducha Świętego. Zadanie przekazywania wiary nie jest zarezerwowane dla nielicznych wybranych. Kościół jako całość jest powołany do przyjmowania i przekazywania wiary szczególnie w obliczu wielkich przemian współczesnego świata. Przekazywanie wiary jest dziełem wspólnym biskupów i kapłanów, ale także świeckich. To właśnie Sobór Watykański II przewartościował sposób postrzegania miejsca i roli świeckich we wspólnocie Kościoła oraz ich zadań apostolskich w świecie.

ŁASKA WIARY

Bóg w swojej miłości i dobroci objawia się człowiekowi i odsłania przed nim tajemnicę swojej istoty i wewnętrznego życia[11]. Przez objawienie Bóg zniża się do człowieka[12], zaprasza go i powołuje do udziału w swoim boskim życiu, do wspólnoty oraz przyjaźni ze sobą. Obdarzając go bezinteresownym zaufaniem, pozwala mu poznać swoją miłość[13] oraz udziela mu swoich darów. Jednym z nich, najważniejszym, jest wiara.

Wiara ma odniesienie zarówno do Boga, jak i do człowieka. Do Boga, ponieważ „wiara jest nadprzyrodzonym darem Bożym"[14], darmo danym człowiekowi, by mógł osiągnąć zbawienie, jest darem Boga prowadzącym do zbawienia i dziełem Jego łaski[15]. Łaska ta uprzedza akt wiary, porusza i pobudza do niego, wspiera i prowadzi[16]. Owocem łaski staje się to, że człowiek staje się zdolny uwierzyć w Boga i zawierzyć Mu swoje życie. Dzięki łasce wiary nawiązuje się nadprzyrodzona międzyosobowa komunia, poprzez którą człowiek wierzący w Boga uczestniczy w Jego życiu wiecznym[17]. Święty Paweł napisał w Liście do Efezjan: „Łaską bowiem jesteście zbawieni przez wiarę. A to pochodzi nie od was, lecz jest to dar Boga" (Ef 2,8).

---

[11] Por. K. Wojtyła, *U podstaw odnowy*, Kraków 1988, s. 50–51.
[12] Por. K. Rahner, *Podstawowy wykład wiary. Wprowadzenie do pojęcia chrześcijaństwa*, Warszawa 1987, s. 124.
[13] Por. A. Leonard, *Podstawy i zasadność wiary*, w: L. Balter, S. Dusza, F. Mickiewicz (red.), *Podstawy wiary. Teologia*, Kolekcja Communio, t. 6, Poznań 1991, s. 37.
[14] KKK 179; por. KKK 153; por. L. Balter, *Od wiary do teologii*, w: L. Balter, S. Dusza, F. Mickiewicz, *Podstawy wiary. Teologia*, dz. cyt., s. 12.
[15] Por. J. Trütsch, *Theologische Explikation des Glaubens*, w: J. Feiner, M. Löhrer, *Mysterium Salutis, Grundriss Heilsgeschichtlicher Dogmatik*, t. 1, Einsiedeln – Zürich – Köln 1965, s. 831.
[16] Por. K. Rahner, *Podstawowy wykład wiary...*, dz. cyt., s. 124–125.
[17] Por. Jan Paweł II, *Wiara odpowiedzią na samo objawienie się Boga*. Audiencja ogólna 10.04.1985, w: Jan Paweł II, *Wierzę w Boga Ojca Stworzyciela*, Watykan 1987, s. 55–58.

Wiara to największy i najpiękniejszy dar Boga. Jest ona pierwszym znakiem i pierwszym darem Bożej miłości danym człowiekowi[18]. Bóg objawia swoją miłość ku człowiekowi najpierw przez to, że powołuje go do wiary. Jest to więc wyjście Boga ku człowiekowi, wezwanie i apel Jego miłości. To Boża pomoc pobudzająca, podtrzymująca i wspierająca człowieka, by szedł właściwą drogą w życiu, nie zgubił jej i by doszedł do ostatecznego zjednoczenia z Bogiem w wieczności. Wiara jest darem Boga i działaniem Jego łaski[19].

Dla człowieka „wiara jest aktem osobowym, wolną odpowiedzią człowieka na inicjatywę Boga, który się objawia"[20] i udziela. Jest odpowiedzią człowieka na Boże zaproszenie i wezwanie oraz powierzenie się Bogu i przylgnięcie do Niego w pełnej wolności[21]. Wiara ze strony człowieka jest również przyjęciem prawd objawionych przez słowo Boże jako odpowiadających rzeczywistości. Dlatego wiara jest aktem świadomym i chcianym, który opiera się na zaufaniu, jakim darzymy Boga Żywego[22]. Wiara to również spotkanie z Bogiem, który wychodzi człowiekowi naprzeciw i podnosi go na poziom nadprzyrodzony[23]. Podstawą wiary człowieka jest więc Bóg, który istnieje i objawia się człowiekowi[24].

---

[18] Por. Paweł VI, *Wiara jest darem Boga.* Audiencja ogólna 21.06.1967, w: Paweł VI, *Trwajcie mocni w wierze*, t. 1, Kraków 1970, s. 35.

[19] Por. Benedykt XVI, List apostolski w formie motu proprio *Porta fidei*, dz. cyt., nr 10.

[20] KKK 166; por. Paweł VI, *Co to jest wiara?* Audiencja ogólna 19.04.1967, w: Paweł VI, *Trwajcie mocni w wierze…*, dz. cyt., s. 32–33.

[21] Por. Jan Paweł II, *Plan objawienia wypełniony w Jezusie Chrystusie*. Audiencji ogólna 3.04.1985, w: Jan Paweł II, *Wierzę w Boga Ojca Stworzyciela…*, dz. cyt., s. 51; Benedykt XVI, List apostolski w formie motu proprio *Porta fidei…*, dz. cyt., nr 1, 10.

[22] Por. Paweł VI, *Co to jest wiara?* Audiencja ogólna 19.04.1967, w: Paweł VI, *Trwajcie mocni w wierze…*, dz. cyt., s. 33; L. Balter, *Od wiary do teologii…*, dz. cyt., s. 7.

[23] Por. J. Trütsch, *Theologische Explikation des Glaubens*, w: J. Feiner, M. Löhrer, *Mysterium Salutis…*, dz. cyt., s. 830.

[24] Por. Paweł VI, *Co to jest wiara?* Audiencja ogólna 19.04.1967, w: Paweł VI, *Trwajcie mocni w wierze…*, dz. cyt., s. 32; W. Kasper, *Rzeczywistość wiary*, Warszawa 1979, s. 57.

Wiara darem Boga dla człowieka

Wiara ma swój początek w Bożym działaniu przez łaskę, która jest osobowym udzielaniem się Boga człowiekowi. To udzielanie nie jest jednorazowym aktem, lecz ciągłą pomocą, która obejmuje całe życie Boże w człowieku – od początkowego pragnienia wiary, aż do wytrwania w niej do końca.

Sobór Watykański II w Konstytucji dogmatycznej o Objawieniu Bożym akcentuje potrzebę Bożej pomocy i ludzkiej współpracy z Bożą łaską w akcie wiary; jednocześnie precyzuje, że jest to łaska Boża uprzedzająca oraz wspomagająca akt wiary. Konstytucja wskazuje na dwa podstawowe etapy działania Boga przez łaskę: przygotowujący do decyzji wiary oraz bezpośrednio związany z przyjęciem wiary i wytrwaniem w niej. Dzięki łasce Boże wezwanie do wiary może być właściwie rozpoznane, odczytane, zrozumiane i przyjęte.

Prowadzące do wiary łaskawe działanie Boga ma wymiar zewnętrzny i wewnętrzny. W działaniu zewnętrznym Bóg kieruje do człowieka swoje orędzie w postaci słów i znaków objawienia, a czyniąc swoje wezwanie wyraźnym, sprawia, że Jego objawienie staje się dla człowieka zaproszeniem i wezwaniem do wiary. Równocześnie Bóg wewnętrznie uzdalnia człowieka do życia wiarą, udzielając mu swego światła oraz inspirując go do słuchania i przyjęcia objawienia.

Na etapie przygotowania do decyzji wiary udzielona przez Boga łaska powoduje otwarcie człowieka na rzeczywistość nadprzyrodzoną i wzbudza pragnienie jej osiągnięcia. Na dalszym etapie Bóg uzdalnia władze podmiotowe człowieka do właściwego rozpoznania objawienia i obdarza nową zdolnością poznania przez oświecenie jego rozumu. Bóg wspomaga także wolę człowieka w podjęciu decyzji, gdy wzbudza i umacnia w nim pragnienie dobra i zbawczych wartości: miłości, pełni życia, prawdziwego szczęścia, zjednoczenia. Udzielając człowiekowi łaski, Bóg wspomaga ludzką naturę; nie niszczy jego wolnej woli, ale ją udoskonala. Człowiek pozostaje wolny w działaniu przed aktem wiary, w chwili jego zaistnienia oraz w czasie jego trwania[25].

Aby mogło dojść do spotkania człowieka z Bogiem w wierze, Bóg najpierw sam zechciał objawić się człowiekowi. Objawienie się Boga jest więc początkiem, Jego wyjściem ku człowiekowi. Sobór Watykański II tak ujmuje tę prawdę: „Poprzez Objawienie Bóg zechciał ukazać i ofiarować siebie samego oraz odwieczne zamiary swej woli dotyczące zbawienia ludzi, aby uczynić ich uczestnikami Bożych dobrodziejstw, całkowicie przewyższających pojmowanie rozumu ludzkiego"[26]. Dzięki objawieniu się Boga człowiek jest w stanie – choć nie o własnych siłach – poznać Boży plan zbawienia dotyczący wszystkich ludzi, bo Bóg „pragnie, aby wszyscy ludzie byli zbawieni i doszli do poznania prawdy" (1 Tm 2,4)[27].

Bóg, objawiając siebie, zbliża się ku człowiekowi i występuje z całkowicie bezinteresowną inicjatywą zbawienia go[28]. W swojej dobroci dopuszcza człowieka do siebie, do udziału w swoim boskim życiu, ponieważ stworzył go na swój obraz i swoje podobieństwo, jak mówi Pismo Święte (por. Rdz 1,26). Pragnie obdarzyć go swoimi dobrami. Człowiek jest stworzeniem Boga. Wyszedł z Jego ręki. Bóg, nawiązując z nim kontakt, objawia mu się przez rzeczy stworzone – a mówiąc językiem św. Pawła – daje przez nie trwałe świadectwo o sobie (por. Rz 1,19-20). Chcąc otworzyć drogę do zbawienia nadziemskiego, Bóg objawił się pierwszym rodzicom[29]. Inicjatywa należy do Boga, który z łaską zwraca się ku człowiekowi, by go zbawić. Bóg jest więc dawcą daru, którym jest zbawienie[30]. Ten dar człowiek powinien przyjąć z wdzięcznością. Człowiek, patrząc na dzieła

---

[25] Por. KO 5; por. J. Mastej, *Wiara*, w: M. Rusecki, K. Kaucha, I.S. Ledwoń, J. Mastej (red.), *Leksykon teologii fundamentalnej*, Lublin - Kraków 2002, s. 1325.

[26] KO 6.

[27] Por. KK 13.

[28] Por. FR 7.

[29] Por. KO 3; por. K. Wojtyła, *U podstaw odnowy*, Kraków 1988, s. 47.

[30] Por. J. Pfammatter, *Glaube nach der Heiligen Schrift*, w: J. Feiner, M. Löhrer (red.), *Mysterium Salutis, Grundriss heilsgeschichtlicher Dogmatik*, Band 1, Benziger Verlag, Einsiedeln - Zürich - Köln 1965, s. 811.

stworzenia, uznaje działalność Boga w historii i realizację Jego zamiarów, a to nie pochodzi od niego samego, lecz jest mu dane i udzielone wraz ze światłem wiary[31].

Sobór Watykański II w Konstytucji dogmatycznej o Objawieniu Bożym opisuje chrześcijańską wiarę i mówi o ścisłej zależności pomiędzy objawieniem a wiarą[32]. Sobór stwierdza, że „spodobało się Bogu w swojej dobroci i mądrości objawić samego siebie i ukazać tajemnicę swej woli (por. Ef 1,9), dzięki której ludzie przez Chrystusa, Słowo, które stało się ciałem, mają dostęp do Ojca w Duchu Świętym i stają się współuczestnikami Bożej natury (por. Ef 2,18; 2 P 2,4). Przez to objawienie niewidzialny Bóg (por. Kol 1,15; 1 Tm 1,17) w swojej wielkiej miłości przemawia do ludzi jak do przyjaciół (por. Wj 33,11; J 15,14 nn.) i przestaje z nimi (por. Ba 3,38), aby zaprosić i przyjąć ich do wspólnoty z sobą”[33].

Konstytucja *Dei verbum* przyjęła prawie dosłownie nauczanie o wierze zawarte w konstytucji *Dei Filius* Soboru Watykańskiego I i uwzględniła zasady sformułowane przez Sobór Trydencki. Uczyniła kolejny krok naprzód w odwiecznym dążeniu do zrozumienia wiary przez refleksję nad objawieniem w świetle nauczania biblijnego i całej tradycji patrystycznej[34].

Konstytucja dogmatyczna o Objawieniu Bożym podkreśla, że przez objawienie Bóg zapragnął dać człowiekowi udział w Bożych dobrodziejstwach, które całkowicie przewyższają możliwości rozumu ludzkiego[35]. Sobór Watykański II nie tylko wskazał na kosmiczny wymiar objawienia – co już podkreślił Sobór Watykański I – lecz zwracając uwagę na jego wymiar nadprzyrodzony, uwypuklił historiozbawczą jego realizację, która dokonuje się przez Chrystusa w Duchu Świętym ku Ojcu. Elementami konstytutywnymi

---

[31] Por. H. Fries, *Wiara zakwestionowana*, Warszawa 1975, s. 25–26.

[32] Por. H. Vorgrimler, *Das Zweite Vatikanische Konzil. Konstitutionen, Dekrete und Erklärungen, Kommentare*, Teil II, Herder, Freiburg – Basel – Wien 1967, s. 506.

[33] KO 2; por. K. Wojtyła, *U podstaw odnowy…*, dz. cyt., s. 42–43.

[34] Por. FR 8; Konstytucja dogmatyczna o wierze katolickiej *Dei Filius*, rozdz. III: DS. 3008.

[35] Por. KO 6.

objawienia są dzieła, które Bóg realizuje w historii ludzkości jako czyny zbawcze, dzięki czemu objawienie ma charakter zarówno sakramentalny, jak i historyczny. To one stanowią wezwanie Boga skierowane ku człowiekowi, przez które Bóg oczekuje od niego odpowiedzi. Człowiek zaś daje tę odpowiedź przez wiarę. Objawienie i wiara stanowią elementy konstytutywne spotkania człowieka z Bogiem, które objawione zostało w pełni w Jezusie Chrystusie. On to, będąc Objawicielem Boga, jako Bóg dał również najdoskonalszą odpowiedź Bogu przez wiarę, jako człowiek okazując Bogu objawiającemu się należne posłuszeństwo wiary[36].

List do Hebrajczyków przypomina, że bez wiary nie można podobać się Bogu (por. Hbr 11,6). By nastąpił początek i wzrost wiary, konieczna jest łaska Boża. Aby móc uwierzyć, trzeba być wspomaganym łaską Bożą[37]. Sobór Trydencki stwierdza, że kiedy ludzie pobudzeni i wsparci łaską Bożą przyjmują wiarę, która rodzi się ze słuchania, dobrowolnie zwracają się do Boga, wierząc, że to wszystko, co Bóg objawił, jest prawdą[38].

Sobór Watykański II stwierdza, że wierzymy za natchnieniem i z pomocą łaski Bożej[39]. Nie jesteśmy bowiem w stanie nic uczynić bez łaski Bożej: „Nikt nie może przyjść do Mnie, jeśli go nie pociągnie Ojciec, który Mnie posłał" (J 6,42-44). Według św. Pawła wiara jest darem Bożym: „Łaską bowiem zostaliście zbawieni przez wiarę i to nie z was, bo i ona jest darem Bożym" (Ef 2,8-10). Gdyby człowiek sam mógł się przygotować do niej i to o własnych siłach, nie mówilibyśmy, że jest ona łaską Bożą. Początek wiary i jej wzrost zależą od pomocy Bożej. Nie znaczy to jednak, że człowiek niewierzący może się usprawiedliwiać, iż nie otrzymał tego daru, ponieważ Bóg „pragnie, by wszyscy ludzie zostali zbawieni i doszli do poznania prawdy" (1 Tm 2,4). „Nie odmawia

---

[36] Por. KO 5.

[37] Por. DM 7.

[38] Por. W. Granat, *Konieczność łaski do aktu wiary*, w: W. Granat, *Dogmatyka Katolicka. Teologiczna wiara, nadzieja i miłość*, t. VI, Lublin 1960, s. 216.

[39] Por. DM 7; W. Granat, *Konieczność łaski do aktu wiary...*, dz. cyt., s. 216.

też Opatrzność Boża koniecznej do zbawienia pomocy takim, którzy bez własnej winy w ogóle nie doszli jeszcze do wyraźnego poznania Boga, a usiłują, nie bez łaski Bożej, wieść uczciwe życie. Cokolwiek bowiem znajduje się w nich z dobra i prawdy, Kościół traktuje jako przygotowanie do Ewangelii i jako dane im przez Tego, który każdego człowieka oświeca, aby ostatecznie posiadł życie"[40].

Sięgając do źródeł, Sobór Watykański II odwołał się do tekstów ojców Kościoła na temat wiary – daru Boga. Oto niektóre z nich: św. Klemens Aleksandryjski powiada: „Wiara jest łaską"; św. Bazyli – „Wiara jest dziełem Ducha Świętego"; św. Jan Chryzostom – „Nikt nie może przyjść do Mnie, jeśli Ojciec, który Mnie posłał, nie pociągnie go; jesteśmy wzywani nie z zasług, lecz z łaski"; a także – „Ani wiara – mówi (apostoł) – nie jest z nas, albowiem gdyby [Bóg] nie przybył i [nas] nie wezwał, w jaki sposób moglibyśmy wierzyć (...). Dlatego wiara nie jest czymś naszym, lecz jest Bożym darem"; św. Augustyn – „Wiary nie możemy przypisywać ludzkiej woli czy zasługom, lecz Bogu, bo jest ona darowanym Bożym darem; nikt nie posiada dostatecznych sił do rozpoczęcia i udoskonalenia wiary, lecz dostateczność nasza z Boga jest"[41].

Bóg, prowadząc człowieka do wiary, nie tylko bezpośrednio wpływa na wolę i umysł, lecz również korzysta ze wszystkich okoliczności, w jakich człowiek się znajduje. Często drobne zdarzenia, np. spotkanie z kapłanem, lektura książki, widok Kościoła, śpiew religijny lub gra organów czy słowo przypadkowo zasłyszane, są środkami wybranymi przez Opatrzność Bożą i prowadzącymi do wiary. Bóg każdemu i na różne sposoby daje łaskę w sposób wystarczający i wyraźny, by można wierzyć[42].

Obdarzając człowieka wiarą, Stwórca nie narusza jego wolności, jego sił naturalnych. Łaska wiary wprawdzie przekracza poziom natury, jednak jest

---

[40] KK 16.
[41] Por. W. Granat, *Konieczność łaski do aktu wiary...*, dz. cyt., s. 215–219.
[42] Por. W. Granat, *Opis współdziałania łaski Bożej w przygotowaniu do wiary i w jej utrzymaniu*, w: W. Granat, *Dogmatyka...*, dz. cyt., s. 219–220.

powiązana z naturalnymi elementami człowieka. Bóg liczy się z naturalnymi prawami działania, z psychicznymi dyspozycjami człowieka, z jego moralną i duchową strukturą. Łaska Boża wnosi do duszy wiele energii duchowej, dostosowuje się do praw natury i wraz z naturą staje się źródłem duchowego życia. Pomiędzy łaską a naturą istnieje ścisły związek. Dzieło stworzenia tak zostało pomyślane przez Boga, by mogło stać się podatnym na działanie łaski. Każdy człowiek ma w sobie naturalną zdolność przyjęcia łaski Bożej[43].

Bóg udziela łaski wiary człowiekowi za pośrednictwem Chrystusa. Domaga się ona od człowieka dobrowolnego przyjęcia Chrystusowego objawienia[44]. Nie można wierzyć tylko naturalnymi siłami umysłu, ponieważ wiara jest tajemniczym działaniem Boga. „Wiara jest tajemnicą, która należy do Boga. Nie tyle my ją posiadamy, co ona bierze nas w posiadanie"[45]. W wierze inicjatywa pochodzi od Boga. On pierwszy umiłował ludzi (por. 1 J 4,19) i odkrywa przed nimi swoje tajemnice, a człowiek umocniony łaską powinien otworzyć drzwi serca, przyjąć dar i odpowiedzieć na niego miłością, okazując Bogu „rozumne i wolne posłuszeństwo wiary"[46]. W ten sposób wiara staje się również dziełem osoby ludzkiej. Chociaż wiara jest darem Boga, nie wyklucza „wkładu" człowieka, gdyż wymaga od niego jego przyjęcia i współpracy. „Pan Bóg ofiaruje nam dar, a naszą rzeczą jest dar przyjąć"[47].

Bóg, udzielając ludziom łaski wiary, porusza ich serca[48], ale człowiek nie zawsze odpowiada na Bożą miłość i Bożą łaskę[49]. Decyzja o jej przyjęciu należy do człowieka. Bóg porusza człowieka, aby go zwrócić ku sobie. Jest to w istocie „przypomnieniem się Boga człowiekowi", wołanie, którego człowiek nie odbiera

---

[43] Por. J. Brudz, *Łaska Boża w psychologicznej analizie aktu wiary*, „Ateneum Kapłańskie" 50 (1949), s. 210–212.
[44] Por. DWR 14.
[45] R. Roqueplo, *O trudnościach wiary*, Warszawa 1974, s. 36.
[46] DWR 10.
[47] Paweł VI, *Poznanie Boga a rozum*. Audiencja ogólna 27.11.1968, w: Paweł VI, *Trwajcie mocni w wierze...*, dz. cyt., s. 35.
[48] Por. wstęp do DE.
[49] Por. R. Rogowski, *Teologia żywej wiary*, „Znak" 222 (1972), s. 1582.

w sposób fizyczny, ale jego duch może usłyszeć to wołanie. Doświadczenie pokazuje, że najcenniejsze dary Boże przychodzą do nas nieoczekiwanie i często pozostają niezauważone[50].

Wiara nie zawsze jest udzielana ludziom w sposób nadzwyczajny, w nagłym olśnieniu i uchwytnym przeżyciu, jak to było w przypadku św. Pawła – Apostoła Narodów. Większość ludzi musi o nią walczyć, a wcześniej jeszcze musi się odpowiednio przygotować, aby przyjąć Boży dar[51]. Bóg zaś w stosownej chwili wezwie ich po imieniu, aby dzięki wierze „żyli już nie dla siebie, lecz dla Tego, który za nich umarł i zmartwychwstał"[52]

Wiara wezwaniem do zbawienia

Zbawienie jest w chrześcijaństwie głównym pojęciem oznaczającym urzeczywistnione i zaoferowane ludziom oraz światu od Boga spełnienie. Dla zrozumienia, czym jest zbawienie, przydatne mogą okazać się dwie perspektywy. Według pierwszej jest to ludzkie doświadczenie nieszczęścia i stanu nie-zbawienia, które pozwala określić podstawowe pragnienie człowieka takimi słowami, jak: szczęście, błogość, pokój, radość, pojednanie, sprawiedliwość, wyzwolenie, uwolnienie, spełnienie, światłość, a zatem – zbawienie. Według drugiej perspektywy jest to doświadczenie Boga, względnie próba dotarcia do prawdy o Bogu, w świetle której Bóg, niezależnie od całej swej potęgi, jest postrzegany w swojej istocie jako miłość, która udziela się człowiekowi w jego słabości jako łaska.

Opis chrześcijańskiej łaski zbawienia zaczyna się od doświadczeń ludu Izraela, a znajduje ona swoją podstawę w życiu i śmierci Jezusa z Nazaretu, by z

---

[50] Por. A.J. Heschel, *Wiara*, „W Drodze" 10 (1975), s. 31.
[51] Por. G. Krenzer, *Taka jest nasza wiara*, Paryż 1981, s. 361.
[52] Por. Mszał rzymski, modlitwa eucharystyczna IV, Poznań 1986, s. 329*.

kolei w życiu chrześcijan i w chrześcijańskiej teologii podlegać procesowi dalszego przyswojenia i refleksji intelektualnej. O ile zbawienie, nawet jeśli przekracza ostatecznie historię ludzkości i świata jako ich absolutna przyszłość, uważa się za absolutną przyszłość świata w samej jego historii, o tyle ta ostatnia [historia] jako historia zbawczego wydarzenia, zaoferowania i znalezienia zbawienia oraz jego urzeczywistniania staje się historią zbawienia, która zawiera prawdę o człowieku jako prawdę zbawczą[53].

Zarówno grecki, jak i łaciński termin odpowiadający starotestamentowym pojęciom zbawienia mówi o ocaleniu, pomocy, wyzwoleniu, wykupieniu, uleczeniu. Zakłada sytuacje naznaczone nieszczęściem: więzienie, niewolę, biedę, chorobę, strach przed śmiercią, oddalenie Boga. Główne doświadczenie zbawcze to dla ludu Izraela wyprowadzenie z niewoli egipskiej oraz okres wygnania. W wydarzeniu wyjścia z Egiptu Izrael poznaje swego Boga jako Tego, który wyzwala z niewoli i spod obcego panowania. W okresie wygnania do Babilonii wierni Żydzi doświadczają bliskości Boga, który ich nie odstępuje nawet w niedoli czasu wygnania. W Psalmach ludzie przeżywający trudne chwile wzywają Boga, który w istocie rzeczy zawsze jest z nimi[54]. W Księdze Hioba Bóg nie uchyla się od odpowiedzi na pytania niewinnie cierpiącego.

Lud odbierał te konkretne zbawcze doświadczenia jako obietnice przyszłego zbawienia, które już w Starym Testamencie odnoszono zarówno do początku historii, jak i jej końca w tej mierze, w jakiej Boga Izraela uznawano za Stwórcę nieba i ziemi oraz Sędziego wszystkich żywych i umarłych. W czasach Jezusa oczekiwanie przyszłego zbawienia uległo intensyfikacji i uniwersalizacji. Zbawienie dotyczyło pojedynczego człowieka w jego pełni (nieśmiertelność

[53] Por. H. Waldenfels, *Chrześcijaństwo*, w: A.T. Khoury (red.), *Leksykon podstawowych pojęć religijnych. Judaizm, chrześcijaństwo, islam*, Warszawa 1998, kol. 1224.
[54] Por. A. Wodka, *U źródeł odkupienia w Psalmach*, w: R. Hajduk, M. Kotyński (red.), *Ogarnięci tajemnicą Chrystusowego odkupienia*, Kraków 2006, s. 28–29.

duszy, zmartwychwstanie ciał, wskrzeszenie umarłych) oraz całego świata i historii[55].

W oczekiwanie żydowskiego ludu wkroczył Jezus z Nazaretu jako Chrystus (Mesjasz) i Prorok, który skupia w sobie cechy Syna Człowieczego, Sługi Bożego i Zbawcy (Zbawiciela). W Nim zatem ulega konkretyzacji i personalizacji oczekiwanie ostatecznego zbawienia. Profetyczny opis przyjścia i działalności Mesjasza (por. Iz 35,5; 61,1 nn.) zostaje przeniesiony na Jezusa: „niewidomi odzyskują wzrok, chromi chodzą, trędowaci doznają oczyszczenia i głusi słyszą, umarli zmartwychwstają, ubogim głosi się Ewangelię" (Łk 7,22 nn.). To, co w przepowiadaniu Jezusa i w Jego zbawczych znakach (cudach) było zapowiedzią przychodzącego wraz z Nim królestwa Bożego jako zbawienia ludzi, znalazło i znajduje w wierze chrześcijańskiej aż po dziś dzień swą nadal skutkującą podstawę w śmierci i zmartwychwstaniu Jezusa jako pierworodnego spośród umarłych. Jezus „został wydany za nasze grzechy i wskrzeszony z martwych dla naszego usprawiedliwienia" (Rz 4,25). Głoszone i dokonane przez Jezusa z Nazaretu zbawienie dotyczy człowieka w obu skrajnych ograniczeniach jego egzystencji, jakimi są śmierć i wina. Wbrew śmierci obiecuje ono życie wieczne, a wbrew winie, względnie grzechowi – pojednanie z Bogiem i pełną miłości wspólnotę[56].

Teologia, próbując rzucić więcej światła na chrześcijańskie pojmowanie zbawienia, przyczyniła się do pogłębienia następujących faktów: po pierwsze – ostateczne zbawienie zostanie dokonane przez samego Boga, który każe człowiekowi, a za jego pośrednictwem całemu stworzeniu, włączyć się do zamierzonego pierwotnie przez Boga porządku. Po drugie – gdy stosunek między Stwórcą a stworzeniem jest zakłócony czy wręcz zniszczony przez grzech i jego społeczno-historyczne następstwa, dokonane przez Boga zbawienie jest

[55] Por. H. Waldenfels, *Chrześcijaństwo...*, dz. cyt., kol. 1224–1225.

[56] Por. R. Hajduk, *Kontynuacja dzieła odkupienia, czyli o Communio, komunikacji i relacjach międzyosobowych w posłudze duszpasterskiej*, w: R. Hajduk, M. Kotyński (red.), *Ogarnięci tajemnicą Chrystusowego odkupienia...*, dz. cyt., s. 130; H. Waldenfels, *Chrześcijaństwo...*, dz. cyt., kol. 1225.

rozumiane jako wyzwolenie, tzn. jako uwolnienie ze stanu wyobcowania od Boga. Za oczywisty znak przezwyciężenia tego radykalnego wyobcowania uznaje się w chrześcijaństwie gwałtowną niesprawiedliwą śmierć Jezusa na krzyżu. O ile Jezus jest objawieniem istoty Boga w przepełnionym miłością samoogołoceniu (Syn Boży), to darowanym człowiekowi zbawieniem jest w chrześcijaństwie tylko sam Bóg. Po trzecie – zakotwiczenie ostatecznego Bożego zbawienia w historii (wcielenie Boga, śmierć na krzyżu, zmartwychwstanie ciała) przypomina o ofiarowanym człowiekowi przez Boga zbawieniu w Jezusie Chrystusie, który jest jedynym Zbawicielem[57].

Chrystusowe zbawienie dotyczy każdego z osobna, jednakże nie tylko jako jednostki, ale też jako istoty społecznej, a więc ludzkiej wspólnoty jako całości. Chrystusowe zbawienie dotyczy człowieka i ludzkości w ich absolutnej przyszłości (tamten świat). Nadzieja na absolutne zaświatowe zbawienie znajduje jednak swe potwierdzenie już w świecie doczesnym, w aktualizacji zbawczych znaków życia Jezusa w każdorazowym „tu i teraz", w uzdrowieniach, aktach wyzwolenia, krzewieniu sprawiedliwości, pokoju, wierności, bezinteresownej solidarności, wstawianiu się za biednymi, uciśnionymi, zepchniętymi na margines oraz miłości do przeznaczonych na śmierć i zmarłych[58].

Chrystusowe zbawienie dotyczy nie tylko ludzkości, czyli ma nie tylko charakter antropologiczny, lecz odnosi się do całego stworzenia. Ono to bowiem jęcząc i wzdychając, oczekuje na objawienie się dzieci Bożych (por. Rz 8,19-32). Zbawienie w chrześcijaństwie ma więc charakter kosmiczny[59].

---

[57] Por. RMis 11; H. Waldenfels, *Chrześcijaństwo...*, dz. cyt., kol. 1225–1226.

[58] Por. W. Kirschläger, *Hat Gott seinen Sohn in den Tod gegeben? – Zum biblischen Verständnis von Erlösung*, w: E. Christen, W. Kirschläger (red.), *Erlöst durch Jesus Christus*, Freiburg Schweiz 2000, s. 40–41.

[59] Por. H. Waldenfels, *Chrześcijaństwo...*, dz. cyt., kol. 1226; M. Grabowski, *Wiara w Jezusa – Syna Bożego w czasach New-Age'u*, „Homo Dei" 3 (2002), s. 13.

Ostateczne i powszechne zbawienie jest darem samego Boga. Człowiek natomiast może je przyjąć albo odrzucić. Do przyjęcia łaski zbawienia konieczna jest wiara. Tylko żywa wiara pozwala człowiekowi dostrzec i przyjąć zbawcze działanie Boga w Chrystusie, którego ukoronowaniem będzie ustanowienie powszechnego królestwa Bożego na końcu czasów. Dobra, które w wymiarze doczesnym kojarzą się ze zbawieniem, jak szczęście, wolność i pomyślność, nigdy przeto nie mogą być zamieniane czy utożsamiane z absolutnym, przekraczającym świat i historię zbawieniem[60].

Historia zbawienia ukazuje nam Boga przemawiającego do człowieka z troską o jego zbawienie. To Bóg otwiera człowiekowi drogę do zbawienia przez wiarę[61] i w Kościele, który jest koniecznym do zbawienia. Jezus Chrystus, który żyje i jest obecny w Kościele, jest pośrednikiem i drogą zbawienia[62]. Boży plan zbawienia obejmuje wszystkich ludzi; ci bowiem, którzy bez swojej winy nie znają Ewangelii Chrystusa i Jego Kościoła, szukają Boga szczerym sercem i usiłują pod wpływem łaski wypełniać Jego wolę poznaną przez głos sumienia, należą również, w liczbie wiadomej tylko jednemu Bogu, do Jego ludu i mogą również osiągnąć zbawienie wieczne[63].

Wiara jest konieczna do zbawienia (por. Mk 16,16)[64]. Bóg pragnie zbawić człowieka (por. Iz 12,2; 35,4; Ga 3,11) przez wiarę. Sobór Trydencki uczy: „Wiara jest początkiem naszego zbawienia, fundamentem i korzeniem wszelkiego usprawiedliwienia; «bez wiary nie można podobać się Bogu» (Hbr 11,6) ani osiągnąć dziedzictwa Jego synów"[65]. W tym przede wszystkim przejawia się dobroć, miłość i łaskawość Boża wobec wszystkich ludzi. Bóg jako pierwszy

---

[60] Por. DP 4.

[61] Por. Benedykt XVI, List apostolski w formie motu proprio *Porta fidei*..., dz. cyt., nr 3; VD 23; J. Pfammatter, *Glaube nach der Heiligen Schrift*, w: J. Feiner, M. Löhrer (red.), *Mysterium Salutis*..., dz. cyt., s. 796.

[62] Por. Paweł VI, *Wyznanie wiary ludu Bożego*, AAS (1968), s. 433–445.

[63] Por. K. Rahner, *Podstawowy wykład wiary*..., dz. cyt., s. 126.

[64] Por. KKK 161.

[65] BF, VII, 67.

wychodzi ku człowiekowi, aby go wprowadzić w życie nadprzyrodzone, w życie wiary. Wiara ta ma charakter zbawczy, gdyż jest wezwaniem człowieka do zbawienia[66].

Boża wola zbawienia jest uniwersalna i odnosi się do wszystkich ludzi. Ta powszechna wola zbawcza Boga łączy się ściśle z jedynym pośrednictwem Jezusa Chrystusa, który w sposób pełny i ostateczny oznajmia zbawienie oraz je realizuje. Kiedy człowiek aktem wiary przyjmie Boże objawienie, równocześnie zostaje objęty działaniem łaski i doświadcza zbawienia. Zbawienie z jednej strony stanowi przedmiot wiary, z drugiej zaś jest rzeczywistością, która realizuje się w życiu człowieka przez wiarę.

Realizujące się przez wiarę zbawienie łączy się z koniecznością przyjęcia chrztu, który wprowadza wierzącego w misterium życia, męki, śmierci i zmartwychwstania Pana. Włączenie w Paschalne Misterium Chrystusa oznacza dla wierzącego zerwanie z grzeszną przeszłością oraz wejście w nowy rodzaj egzystencji w środowisku wiary (por. Rz 14,7-9). W sakramencie chrztu człowiek staje się uczestnikiem nowej rzeczywistości, otrzymuje od Boga nowy sposób egzystencji jako dziecka Bożego, dziedzica Boga i współdziedzica Jezusa Chrystusa (por. Rz 8,17; Ga 4,7). Tym samym rodzi się nowa, osobowa więź człowieka z Bogiem. Bóg udziela człowiekowi łaski, która sprawia jego przemianę polegającą na przebóstwieniu człowieka. Zjednoczenie człowieka z Bogiem prowadzi do pełnego urzeczywistnienia się osoby ludzkiej (zbawienie). Dzięki wierze człowiek staje się nowym stworzeniem, wchodzi w nową sytuację życiową – staje się wierzącym. Jego wiara ma charakter dynamiczny, czyli może się pogłębiać i wzrastać lub słabnąć i zanikać. Wyniesienie człowieka do wspólnoty życia z Bogiem daje podstawy nowego odniesienia człowieka do innych osób[67].

---

[66] Por. W. Kasper, *Rzeczywistość wiary...*, dz. cyt., s. 94.

[67] Por. KO 5; R. Hajduk, *Kontynuacja dzieła odkupienia, czyli o Communio, komunikacji i relacjach międzyosobowych w posłudze duszpasterskiej...*, dz. cyt., s. 133–137; J. Mastej, *Wiara*, dz. cyt., s. 1327.

Powszechność Bożej woli zbawienia podkreślił Sobór Watykański II, stwierdzając, że „ci bowiem, którzy bez własnej winy nie znając Ewangelii Chrystusa i Jego Kościoła, szczerym sercem szukają jednak Boga, a Jego wolę poznaną przez nakaz sumienia starają się pod wpływem łaski wypełniać w swoim postępowaniu, mogą osiągnąć wieczne zbawienie. Nie odmawia też Opatrzność Boża pomocy koniecznej do zbawienia tym, którzy bez własnej winy w ogóle nie doszli jeszcze do wyraźnego poznania Boga, a usiłują, nie bez łaski Bożej, prowadzić uczciwe życie. Wszelkie dobro i prawdę, jakie się u nich znajduje, Kościół traktuje jako przygotowanie do Ewangelii i jako dane im przez Tego, który oświeca każdego człowieka, aby ostatecznie miał życie"[68]. Łaska Boża, która wspiera człowieka w osiąganiu zbawienia, działa także zatem poza Kościołem, aby prowadzić ludzi do wspólnoty zbawionych i pełni życia w Chrystusie Jezusie.

Ta Boża inicjatywa dochodzi do człowieka w dwojaki sposób: kosmiczny i nadprzyrodzony. W tym pierwszym Bóg wykorzystuje siły przyrody, by w bytach, które sam stworzył jako dobre i pełne piękna, objawić swoją dobroć i swoje piękno. W ten sposób pragnie uwrażliwić serce człowieka na Jego istotę i tym samym przyciągnąć je w sferę niezmierzonej tajemnicy, którą jest On sam. Obok tego sposobu skontaktowania się z Bożą inicjatywą zbawczą istnieje – co zostało wspomniane – sposób nadprzyrodzony zanurzenia się przez wiarę w tajemnicę Stwórcy. Dostrzegamy to już w życiu Abrahama (por. Hbr 11,8)[69], który zostaje nazwany w Liście do Rzymian „Ojcem wszystkich, którzy wierzą" (Rz 4,19). Dostrzegamy to również w życiu innych Patriarchów, którzy stoją na czele ludu wybranego i wezwanego do życia z wiary w Boga: „Będziecie moim ludem, a Ja będę Bogiem z wami" (Ez 37,23). Do tego ludu Bóg przemawia za pośrednictwem proroków. Ich słowa wskazują na jeszcze doskonalszą możliwość osiągnięcia życia wiary. Zapowiadają przyjście czasów, kiedy ludzie pozbawieni serca

---

[68] KK 16; por. Niemiecka Konferencja Biskupów, *Katolicki katechizm dorosłych: Wyznanie wiary Kościoła*, Poznań 1987, s. 221–222.

[69] Por. DP 22; A. Jankowski, *Wiara w Piśmie Świętym*, „Znak" 226–227 (1973), s. 530; L. Bouyer, *Kościół Boży*, Warszawa 1977, s. 180–182.

kamiennego będą mieć serca z ciała (por. Ez 36,26). Tego dokona Bóg, który ingeruje w życie świata, aby nieść mu zbawienie.

Jednym z głównych działań Boga jest Jego wejście w historię ludzką poprzez Wcielenie Syna Bożego. Jest to najwyższy akt wezwania do wiary, który jest zarazem dla człowieka aktem dramatycznym, bo decyduje o jego wejściu w Bożą rzeczywistość przez wiarę. Życie to jest przebywaniem w królestwie nie z tego świata, co zostało przekazane przez zbawcze czyny Chrystusa i słowo, które je interpretuje[70]. Słowo to zostało przekazane apostołom, ci zaś prowadzeni mocą Ducha Pocieszyciela, który doprowadza do całej Prawdy, niosą je w świat, by go przepajać światłem Ewangelii, będącej mocą Bożą ku zbawieniu.

Sobór Watykański II w swych wypowiedziach podkreśla zniżanie się Boga ku człowiekowi. By dotrzeć do stworzenia, posługuje się On słowem, które jest wypowiadane na sposób ludzki. Bóg w swojej niewypowiedzianej łaskawości i „w swej trosce i staraniu dostosował do nas sposób przemawiania. Boże bowiem słowa wyrażone ludzkimi językami upodobniły się do ludzkiej mowy"[71]. Za pomocą słowa Bóg kontaktuje się z człowiekiem i nawiązuje z nim zbawczy dialog, wzywając go do odpowiedzi w osobistym akcie wiary i przez uczynki[72]. Momentem zasadniczym zbliżania się Boga do ludzkości jest Wcielenie, w którym Słowo Ojca Przedwiecznego, przyjąwszy słabe ludzkie ciało, upodobniło się do człowieka.

Bóg daje się poznać człowiekowi przez swoje słowo i objawia mu siebie samego, swoją tajemnicę i swoją dobroć[73]. Dobroć ta uwidoczniona w cudach Chrystusa (uzdrowienie ciała, wyrzucanie słych duchów, wskrzeszanie do życia) pobudza do wiary tych, którzy uznają Jego Boskie posłannictwo. Uznając je, stają

---

[70] Por. KO 14.
[71] Tamże, nr 13; por. VD 6.
[72] Por. K. Parzych-Blakiewicz, *Teologia historiozbawcza w dogmatyce polskiej XX wieku*, Olsztyn 2010, s. 280.
[73] Por. KO 14.

się uczestnikami królestwa niebieskiego, do którego Chrystus nawołuje w słowach „nawracajcie się i wierzcie w Ewangelię" (Mk 1,15). Słowo Boga nigdy nie przemija, zachowując zawsze swoją moc. Dlatego też jest ono w stanie wstrząsnąć myśleniem człowieka każdej epoki. Może przemówić wewnętrznie i wprowadzić na drogę wiodącą ku nowemu stworzeniu. Stworzenie to może zaistnieć, kiedy w sercu zaowocuje wiara, która – jak pisze św. Paweł – rodzi się ze słuchania (por. Rz 10,17).

Sobór Watykański II, poruszając temat wiary, akcentuje jej charakter nadprzyrodzony. Wiara otrzymana od Boga jest wezwaniem dla człowieka do udziału w Jego Boskich tajemnicach, w Jego Boskim życiu. Otwiera przed człowiekiem perspektywy nadprzyrodzone, w których zawiera się najgłębsze spełnienie tego, co jest zakorzenione w duchowej naturze człowieka – prawdy, dobra, miłości, radości i pokoju[74]. Za pomocą światła wiary człowiek może wzbić się ponad to, co ziemskie i poznawać Boga niewidzialnego dla jego oczu cielesnych. Może poznawać Boga takim, jaki jest, choć w części i niejasno, bo dopiero w niebie pozna Go twarzą w twarz, jak i on został poznany (por. 1 Kor 13,12). Boże zaproszenie do udziału w Jego życiu jest kierowane do człowieka od początku, kiedy tylko upadł. Bóg nie opuścił pierwszych rodziców po upadku, podobnie dziś nieustannie wspiera człowieka i udziela mu pomocy, by mógł osiągnąć zbawienie w Jezusie Chrystusie, którego zesłał jako Odkupiciela. Bóg wzywa nieustannie ludzi do wspólnoty ze sobą, która prowadzi ich do wiecznej szczęśliwości[75].

Człowiek jest więc powołany do uczestnictwa w Bożych dobrodziejstwach, które całkowicie przewyższają pojmowanie ludzkiego rozumu[76]. Choć na ziemi tylko w części możemy korzystać z tych darów, to jednak nadzieja chrześcijańska

---

[74] Por. Jan Paweł II, *Plan objawienia wypełniony w Jezusie Chrystusie*. Audiencja ogólna 3.04.1985, w: Jan Paweł II, *Wierzę w Boga Ojca Stworzyciela…*, dz. cyt., s. 51.

[75] Por. KK 2; KDK 19,18, 21; Z. Perz, *Wiara a moralność*, w: B. Bejze (red.), *W nurcie zagadnień posoborowych*, t. IV, Warszawa 1970, s. 151.

[76] Por. KO 6.

pozwala nam oczekiwać pełni tych dóbr w królestwie Ojca Niebieskiego. Tak więc wiara otrzymana od Boga z jednej strony jest darem, z drugiej zaś szansą i wezwaniem dla człowieka. Daje mu ona możliwość oderwania się od tego, co widzialne i zmysłowe, pozwalając wznieść się na poziom nadprzyrodzoności, i włączyć się w życie Boże. W ten sposób człowiek zostaje wprowadzony „w tajemnicę miłości Boga, który go powołuje do wejścia w osobistą łączność z Nim samym w Chrystusie"[77].

Rola Ducha Świętego w udzielaniu łaski wiary

Przedmiotem wiary jest prawda o istnieniu i działaniu Ducha Świętego. Pismo Święte i Tradycja potwierdzają nam istnienie i działanie Ducha Świętego w świecie. Choć jest On niewidoczny, to jednak nie można zaprzeczyć Jego działaniu w życiu i w działalności misyjnej Kościoła oraz w sercach wielu ludzi, w tym także tych, którzy nie są chrześcijanami.

Chociaż Sobór Watykański II nie opublikował żadnego dokumentu o charakterze pneumatologicznym, to jednak w wielu swoich tekstach odwołuje się do Ducha Świętego i Jego działania w życiu Kościoła, wiernych i świata. Zainteresowanie Osobą i działaniem Ducha Świętego zaznaczyło się już w programie soboru, który stawiał sobie kilka ważnych celów, w większości duszpasterskich. Należały do nich: reforma Kościoła „od wewnątrz", refleksja nad dziedzictwem wiary w zmienionym i ciągle zmieniającym się kontekście kulturowym współczesności oraz miejsce Kościoła w świecie. Rozważania o Duchu Świętym pełniły zatem w pewnym sensie funkcję służebną w kontekście podejmowanych tematów. Wpisywały się doskonale w szeroki kontekst obrad i

---

[77] DM 13; por. tamże, nr 2.

analizowanych kwestii, gdyż odnowa soborowa nie może dokonać się bez działania Ducha Świętego[78].

Zamysł soboru zwołanego przez papieża Jana XXIII odczytał właściwie jego następca, papież Paweł VI. Podczas audiencji 23 maja 1973 roku wskazał on w dokumentach soborowych 258 miejsc, w których pojawia się odniesienie do trzeciej osoby Trójcy Świętej. Nie jest więc czymś niewłaściwym uznać *Vaticanum II* za zgromadzenie o charakterze wybitnie pneumatologicznym[79].

Sobór wyraźnie podkreśla związek działania Ducha Świętego z Kościołem, gdyż w dniu Pięćdziesiątnicy został zesłany Duch Święty, aby ustawicznie uświęcał Kościół i aby w ten sposób wierzący mieli przez Chrystusa w jednym Duchu dostęp do Ojca (por. Ef 2,18)[80]. Zamieszkując w sercach wiernych, ożywia ludzi umarłych na skutek grzechu, zanim wskrzesi w Chrystusie ich śmiertelne ciała (por. Rz 8,10 nn.). Duch mieszka w Kościele, a także w ludzkich wnętrzach jak w świątyni (por. 1 Kor 3,16; 6,19); w nich przemawia i daje świadectwo przybrania za Synów (por. Ga 4,6; Rz 8,15.26). Jego zadaniem jest prowadzić Kościół do wszelkiej prawdy (por. J 16,13) i jednoczyć go we wspólnocie i posłudze, obdarzać darami hierarchicznymi oraz charyzmatycznymi i za ich pomocą kierować nim oraz rodzić w nim dobre owoce (por. Ef 4,11 nn.; 1 Kor 12,4; Ga 5,22). Sobór przypomina, że Chrystus ustanowił swój Kościół przez Ducha Ożywiciela[81], który uświęca i ożywia Lud Boży, a „poprzez posługę i sakramenty, udziela wiernym także szczególnych darów (por. 1 Kor 12,7), udzielając każdemu tak, jak chce" (1 Kor 12,11)[82].

---

[78] Por. Z.J. Kijas, *Traktat o Duchu Świętym i łasce*, w: E. Adamiak, A. Czaja, J. Majewski (red.), *Dogmatyka*, t. 4, Warszawa 2007, s. 438; K. Parzych-Blakiewicz, *Teologia historiozbawcza w dogmatyce polskiej XX wieku...*, dz. cyt., s. 320.

[79] Por. Z.J. Kijas, *Traktat o Duchu Świętym i łasce...*, dz. cyt., s. 438.

[80] Por. KK 4.

[81] Por. KK 48.

[82] DA 3; por. Z. J. Kijas, *Traktat o Duchu Świętym i łasce...*, dz. cyt., s. 439.

Sobór Watykański II zwraca także uwagę na obecność i działanie Ducha Świętego w historii świata, ucząc, że od samego początku jest ona poddana Jego mocy. Był On obecny i działał, „zanim jeszcze Chrystus został uwielbiony”[83], a został posłany przez Jezusa Chrystusa, aby realizować dzieło zbawcze od wewnątrz i rozszerzać granice Kościoła[84]. W obecnym zaś czasie „kieruje biegiem dziejów i odnawia oblicze ziemi”[85], towarzysząc rozwojowi całej ludzkości.

W dniu Pięćdziesiątnicy zstąpił On na uczniów skupionych na modlitwie wraz z Maryją, Matką Zbawiciela, by z nimi pozostać na zawsze (por. Dz 2,1-4)[86]. Wraz z przyjściem Ducha Świętego uczniowie Chrystusa poczuli się zdolni do tego, aby wypełniać powierzone im posłannictwo, które dzisiaj kontynuują ich następcy[87]. Śledząc Dzieje Apostolskie, widzimy doniosłą rolę Ducha Świętego w rozwijającym się Kościele. To On mieszka w wierzących, buduje komunię wiernych i głęboko jednoczy wszystkich w Chrystusie[88]. Zstępując na pogan, czyni ich wyznawcami nowej religii (por. Dz 10,1-48). Dzięki uprzedzającemu działaniu Ducha Świętego możliwe jest to, by człowiek doszedł do wiary i mógł dokonać aktu wiary[89]. Dzięki Duchowi Świętemu człowiek dochodzi przez wiarę do kontemplacji i pojmowania tajemnicy planu Bożego[90].

Duch Święty, uczestnicząc w ekonomii zbawczej Jezusa Chrystusa, jest dawcą łaski i od strony teologicznej sprawcą wiary w człowieku. Chrześcijanin zawdzięcza początek swej wiary Duchowi Świętemu, bowiem w sakramencie chrztu narodził się „z wody i Ducha Świętego” (J 3,5.8). Wśród darów udzielanych

---

[83] DM 4.
[84] Por. DM 4.
[85] KDK 26.
[86] Por. DM 4; KK 4; DV 30; L. Balter, *Duch, który woła*, w: L. Balter (red.), *Powołanie człowieka. Powołanie do apostolstwa*, Warszawa - Poznań 1975, s. 44.
[87] Por. DV 25.
[88] Por. DE 2.
[89] Por. S. Gręś, *Eschatologiczny wymiar obecności Ducha Świętego w ziemskim życiu człowieka*, w: L. Balter, S. Dusza, F. Mickiewicz (red.), *Duch Odnowiciel*. Kolekcja Communio, t. 12, Poznań 1998, s. 346.
[90] Por. Z. J. Kijas, *Traktat o Duchu Świętym i łasce...*, dz. cyt., s. 455.

przez Ducha Świętego, które wymienia św. Paweł w Pierwszym Liście do Koryntian, jest również dar wiary (por. 1 Kor 12,8-10).

Duch Święty udziela człowiekowi wewnętrznych dyspozycji do przyjęcia Bożego objawienia: otwiera i porusza jego serce oraz zwraca je do Boga, udzielając tym samym swej wewnętrznej pomocy[91]. Oświeca rozum, by można było poznać prawdę o Chrystusie[92], porusza i uzdalnia wolę człowieka oraz powołuje do świętości i pobudza do doskonałej miłości[93]. Duch Święty wprowadza człowieka w żywy kontakt z Bogiem i pomaga mu głębiej poznać Boże dary (por. 2 Kor 2,10-12). Poprzez „światłe oczy serca" (por. Ef 1,17-19) i wewnętrzne oświecenie rozumu (por. Hbr 6,4; 10,32) Duch Święty uzdalnia człowieka do właściwego rozpoznania i przyjęcia objawiającego się Boga. Człowiek, poznając Boga, dostrzega wielkość Bożego daru i w pokorze umysłu ten dar przyjmuje. Bez oświecenia i natchnienia Ducha Świętego człowiek nie byłby w stanie rozpoznać i przyjąć zbawczego orędzia. Duch Święty porusza i uzdalnia wolę człowieka do podjęcia decyzji wiary, pomaga mu wytrwać w wierze oraz mężnie ją wyznawać (por. 1 Kor 12,3). Duch Paraklet, który działa w człowieku, jest darem Ojca i Syna; pochodzi od Ojca (por. J 14,16.26) i od Syna (por. J 15,26; 16,14 nn.). Jego działanie nie dokonuje się poza działaniem Chrystusa ani obok niego, lecz w ramach jednej ekonomii zbawczej Trójjedynego Boga. Duch Pocieszyciel, wspierając modlitwę chrześcijan (por. Rz 8,26; Ga 4,6), przyczynia się do pogłębienia w nich teologalnej cnoty wiary; dopełnia tym samym dzieła uświęcenia człowieka (por. 1 P 1,2)[94].

Jak niegdyś przez proroków, tak i dzisiaj przez pisma natchnione i ustami wybranych do głoszenia Ewangelii Duch Święty pobudza ludzi do życia w wierności Bogu. Dokonuje przemiany serc (por. Ez 36,26), powołuje i gromadzi w jedności wiary, nadziei i miłości lud Nowego Przymierza, który jest Kościołem,

---

[91] Por. KO 5; K. Wojtyła, *U podstaw odnowy...*, dz. cyt., s. 20.
[92] Por. KO 5; KO 8; KDK 10.
[93] Por. KK 39.
[94] Por. KO 5; J. Mastej, *Wiara*, dz. cyt., s. 1326.

mieszka w wierzących, obdarowuje ich wiarą z woli samego Zbawiciela[95] oraz udoskonala ją swoimi darami, aby coraz głębsze stawało się ich rozumienie objawienia[96]. Duch Święty obdarza również nowym, nadprzyrodzonym życiem[97]. Działając z wielką mocą i siłą, sprawia, że dotąd niewierzący stają się wierzącymi, żyjący w grzechach i z dala od Boga nawracają się, by do Niego przylgnąć z dziecięcą ufnością i w szczerości swego serca (por. Dz 16,14)[98]. Przekazując wiarę, nieustannie rodzi ludzi do życia Bożego, ożywia ich, przenika i jednoczy, tworząc jedną wielką rodzinę dzieci Bożych. Wiara, którą Duch Święty obdarowuje, jest jednym z Jego darów rozdawanych ludziom, o czym mówi św. Paweł w Pierwszym Liście od Koryntian – „jednemu dany jest przez Ducha dar mądrości słowa, drugiemu umiejętność poznawania według tego samego Ducha, innemu jeszcze dar wiary w tymże Duchu, innemu łaska uzdrawiania w jednym Duchu" (1 Kor 12,8-9)[99].

Dopełnieniem wiary, do której wiedzie Duch Chrystusa, jest chrzest święty (por. 1 Kor 6,11), nazywany również sakramentem wiary[100]. Wówczas to moc Ducha przepełnia serce ochrzczonego, udziela i potęguje w nim życie wiary, pobudza do działania[101], czyniąc dzieckiem Boga, które do swego Stwórcy może wołać *Abba*, Ojcze (por. Rz 8,15). To nowe odniesienie – zaistniałe dzięki mocy Ducha – do Pana niebios czyni z ochrzczonego nowy byt, nowe stworzenie, gdyż „to, co dawne, minęło, a oto wszystko stało się nowe" (2 Kor 5,17)[102].

---

[95] Por. DE 2.
[96] Por. KO 5.
[97] Por. DV 52.
[98] Por. DM 13.
[99] Por. L. Balter, *Duch, który woła*, w: L. Balter, *Powołanie...*, dz. cyt., s. 46.
[100] Por. S. Gręś, *Eschatologiczny wymiar obecności Ducha Świętego w ziemskim życiu człowieka...*, dz. cyt., s. 345.
[101] Por. Paweł VI, *Wyznanie wiary ludu Bożego*, AAS (1968), s. 433–445.
[102] Por. DM 15; A. Jankowski, *Duch dokonawca*, Katowice 1983, s. 44.

Duch Święty w swoim działaniu skłania chrześcijanina do życia wiarą[103], do dawania świadectwa wierze, do wzrastania w łasce wiary. On ożywia i odnawia jego wiarę oraz ją pogłębia. Duch Święty poprzez dary, których udziela człowiekowi, stale udoskonala jego wiarę[104]. Owocem działania Ducha Świętego w człowieku jest doprowadzenie go do całej prawdy. Dokonuje się to w wierze i poprzez wiarę[105]. Dzięki Duchowi Świętemu człowiek dochodzi przez wiarę do kontemplacji i pojmowania tajemnicy planu Bożego[106].

Duch Święty „tchnie tam, gdzie chce" (por. J 3,8). To On aktualizuje Ewangelię i zrozumienie Słowa Bożego[107]. To On odnawia Kościół, by mógł zachować wierność swemu Panu[108].

Cały Lud Boży uczestniczy w funkcji prorockiej Chrystusa, na temat której mówi Konstytucja dogmatyczna o Kościele: „Ogół wierzących, mających namaszczenie od Świętego (por. 1 J 2,20.27) nie może zbłądzić w wierze i tę swoją szczególną właściwość ujawnia przez nadprzyrodzony zmysł wiary całego ludu"[109]. Sobór Watykański II przypomina, że ów zmysł wiary jest pobudzany i podtrzymywany przez Ducha Prawdy. On to sprawia, że Kościół „niezachwianie trwa przy wierze raz przekazanej świętym (por. Jud 3); wnika w nią głębiej (…) i w sposób pełniejszy stosuje ją w życiu"[110].

---

[103] Por. S. Gręś, *Eschatologiczny wymiar obecności Ducha Świętego w ziemskim życiu człowieka…*, dz. cyt., s. 352.
[104] Por. Jan Paweł II, *Wiara odpowiedzią na samoobjawienie się Boga*. Audiencja ogólna 10.04.1985, w: Jan Paweł II, *Wierzę w Boga Ojca Stworzyciela…*, dz. cyt., s. 56.
[105] Por. DV 6.
[106] Por. RMis 28.
[107] Por. KK 8, 23; Y. Congar, *Pneumatologia Soboru Watykańskiego II*, w: tenże, *Wierzę w Ducha Świętego*, t. 1, Warszawa 1997, s. 231.
[108] Por. KK 9; KDK 21, 43; DP 22.
[109] KK 12.
[110] Tamże; por. Jan Paweł II, *Duch Święty źródłem wiary*. Audiencja ogólna 8.05.1991, w: Jan Paweł II, *Wierzę w Ducha Świętego, Pana i Ożywiciela*, Watykan 1992, s. 366–367.

Wielokrotnie sobór wspomina Ducha Pańskiego, który „wypełnia świat”[111], „kieruje biegiem dziejów i odnawia oblicze ziemi”[112], nieustannie pobudza człowieka i zwraca serca ludzkie w kierunku Boga[113]. Duch Święty odnawia człowieka i czyni go nowym stworzeniem[114]. Dziełem Ducha Świętego jest całokształt życia chrześcijańskiego. To On rozwija dzieło zbawcze Jezusa Chrystusa, prowadząc wszystkich do Boga[115].

Duch Święty przez swoje działanie prowadzi ludzi do ostatecznego celu, jakim jest szczęście wieczne z Bogiem w królestwie niebieskim. Dzięki Niemu rozprzestrzenia i umacnia się wiara w Jednorodzonego Syna Bożego. Kto w Niego wierzy, dostępuje wiecznego zbawienia (por. J 3,16)[116].

---

[111] DK 22; KDK 11.
[112] KDK 26.
[113] Por. tamże 41; Y. Congar, *Pneumatologia Soboru Watykańskiego II...*, dz. cyt., s. 233.
[114] Por. KDK 22, 37.
[115] Por. Z.J. Kijas, *Traktat o Duchu Świętym i łasce...*, dz. cyt., s. 383.
[116] Por. DV 49; M. Kowalczyk, *Duch Święty w życiu i działalności Ludu Bożego*, w: L. Balter, S. Dusza, F. Mickiewicz (red.), *Duch Odnowiciel*. Kolekcja Communio, t. 12, Poznań 1998, s. 204.

ODPOWIEDŹ CZŁOWIEKA NA DAR WIARY

Specyficznie chrześcijańska forma wiary ukazana w Nowym Testamencie oznacza radykalne powierzenie się człowieka Bogu objawiającemu się w historii. Chociaż wiarę jako sposób poznania wyodrębnia się z całościowej postawy chrześcijanina wobec Boga, to przecież nie jest ona jakimś odseparowanym od życia aktem, lecz osobową odpowiedzią na Boże wezwanie. Wiara obejmuje uznawanie czegoś za prawdę i posłuszeństwo, wewnętrzną aprobatę i zewnętrzny akt wyznania, zaufanie do zbawiającego Boga oraz nadzieję na ostateczne wybawienie. Wiara jest możliwa dzięki łasce (por. Rz 8,29; 9,6 nn.) i można ją rozumieć tylko w perspektywie całego nadprzyrodzonego obdarowania łaską. Zgodnie z chrześcijańskim rozumieniem jest ona osobowym, dobrowolnym przyzwoleniem człowieka wierzącego na poddanie się zbawczemu dziełu Boga dokonanemu w Jezusie Chrystusie. Takie postrzeganie wiary w przypadku osoby ludzkiej uwzględnia udział intelektu i woli w ramach całościowej odpowiedzi osoby i nie oddziela Bożego aktu objawienia jako przekazania prawdy od Jego inicjatywy wiodącej do pełni zbawienia[1].

Wiara to akt jednostki, która odpowiada na inicjatywę Boga obdarzającego ludzi zbawieniem. Dar wiary domaga się odpowiedzi ze strony człowieka. Odpowiedź ta winna być dobrowolna[2], a zatem nikt nie może zmusić człowieka do jej udzielenia wbrew jego woli[3].

Wiara – dar Boga dla człowieka – jest także cnotą teologalną, a zarazem trwałym usposobieniem i stałym nastawieniem duszy[4], czyli trwałą postawą wewnętrzną. Z tego punktu widzenia wiara domaga się stałej troski ze strony

---

[1] Por. H. Schlosser, *Wiara/Chrześcijaństwo*, w: A.T. Khoury (red.), *Leksykon...*, dz. cyt., kol. 1134.
[2] Por. DWR 10; KKK 160; B. Sesboüe, Ch. Theobald, *Historia dogmatów*, w: B. Sesboüe (red.), *Słowo Zbawienia*, t. 4, Kraków 2003, s. 491.
[3] Por. DWR 9–10; DM 13; KKK 160; KPK kan. 748 § 2.
[4] Por. SpS 7; M. Rusecki, *Rozum i wiara z perspektywy teologii fundamentalnej w świetle encykliki „Fides et ratio"*, „Analecta Cracoviensia" XXXIV (2002), s. 251.

człowieka wierzącego. Troska ta jest wyrazem świadomej współpracy człowieka z łaską wiary[5].

Wiara jako akt człowieka

Sobór Watykański II stwierdza, że przez wiarę człowiek w sposób wolny całkowicie powierza się Bogu, ofiarując Mu umysł i wolę[6] oraz przyjmując Jego objawienie[7]. W ten sposób wiara wyraża się w postawie człowieka. Postawa ta należy do samej istoty wiary, odpowiada bowiem prawdziwej rzeczywistości objawienia[8]. Jest ona pierwszym aktem, jakim odpowiada człowiek na objawienie Boże, które wyprzedza wiarę[9].

Wiara jest odpowiedzią człowieka na objawienie się Boga, gdy jest przekonaniem i przeświadczeniem o prawdzie objawienia, opartym na akcie wolnej woli[10]. Odpowiedź wiary możliwa jest tylko wtedy, jeśli Bóg pierwszy wychodzi ku człowiekowi i oświeca go światłem swej prawdy, otwierając „oczy jego serca" (por. Ef 1,18). Wiara jest więc darem oświecającej człowieka łaski Bożej, a przyjęta przez niego staje się wolnym i osobowym aktem człowieka i całkowitym powierzeniem się Bogu[11], dokonanym przez niego przy współpracy z Bożą łaską[12]. Akt wiary powinien być dokonany w sposób „wolny i świadomy,

---

[5] Por. Jan Paweł II, *Wiara chrześcijańska: Wiara ugruntowana w Słowie Bożym*. Audiencja ogólna 19.06.1985, w: Jan Paweł II, *Wierzę w Boga Ojca Stworzyciela...*, dz. cyt., s. 94.

[6] Por. Sobór Watykański I, Konstytucja dogmatyczna *Dei Filius*, rozdz. 3: DS. 1789 (3008), BF I, 48.

[7] KO 5; por. A. Zuberbier, *Wiara*, w: tenże (red.), *Słownik teologiczny*, wyd. II, Katowice 1998, s. 629; B. Sesboüe, Ch. Theobald, *Historia dogmatów...*, dz. cyt., s. 245.

[8] Por. VD 25; K. Wojtyła, *U podstaw odnowy...*, dz. cyt., s. 172.

[9] Por. Jan Paweł II, *Co to znaczy wierzyć*. Audiencja ogólna 13.03.1985, w: *Wierzę w Boga Ojca Stworzyciela...*, dz. cyt., s. 39–40.

[10] Por. Jan Paweł II, *Wiara dobrowolnym przeświadczeniem o prawdzie Bożego objawienia*. Audiencja ogólna 17.04.1985, w: Jan Paweł II, *Wierzę w Boga Ojca Stworzyciela...*, dz. cyt., s. 59.

[11] Por. KO 5; H. Waldenfels, *O Bogu, Jezusie Chrystusie i Kościele dzisiaj*, Katowice 1993, s. 298.

[12] Por. J. Mastej, *Wiara*, dz. cyt., s. 1323.

wewnętrzny i zewnętrzny, pokorny i szczery"[13]. Odpowiedź człowieka dawana Bogu w wierze powinna być odpowiedzią obejmującą całą jego egzystencję.

Konstytucja dogmatyczna o Objawieniu Bożym zaznacza: „Aby taką wiarę można było w sobie obudzić, potrzebna jest uprzedzająca i wspomagająca łaska Boga oraz wewnętrzne pomoce Ducha Świętego; On to porusza serce i do Boga je zwraca (...). Ten sam Duch Święty udoskonala nieustannie wiarę swoimi darami, aby coraz głębsze stawało się rozumienie Objawienia"[14]. Wiara jest więc – podobnie jak objawienie – spotkaniem Boga i człowieka; spotkaniem udzielającego się Boga i powierzającego się Mu człowieka. Jest ona także całościowym aktem człowieka, w którym angażuje on umysł i wolę, „swoje serce". Jest ona dziełem Ducha Świętego, który „uprzedza" człowieka, towarzyszy mu swą „pomocą", „porusza go", „nakłania", „otwiera", a tym samym przemienia i formuje. Dzięki Niemu rozwija się wiara, która sprawia, że człowiek zwraca się w Duchu Świętym z Chrystusem i przez Chrystusa bezpośrednio do Boga[15].

Wiara to nie tylko samo przekonanie o istnieniu Boga, lecz przede wszystkim ufne oddanie i powierzenie się Bogu, który jest naszym początkiem i celem, mocą i treścią naszego życia. Wiara to przylgnięcie człowieka do Boga[16], to dobrowolne zwrócenie się do Boga, który dał się poznać przez objawienie[17], i uznanie, że prawdą jest to wszystko, co Bóg objawił i przyobiecał[18]. Uwierzenie oznacza czyn, czyli akt, w którym człowiek całe swoje jestestwo powierza Bogu.

Wiara z jednej strony jest aktem rozumu, który polega na poznaniu i przyjęciu prawd objawionych przez Boga. Przez wiarę człowiek poznaje nowe

---

[13] Por. Benedykt XVI, List apostolski w formie motu proprio *Porta fidei...*, dz. cyt., nr 4.
[14] KO 5.
[15] Por. H. Waldenfels, *O Bogu, Jezusie Chrystusie i Kościele dzisiaj...*, dz. cyt., s. 299.
[16] Por. KKK 150; J. Krucina, *Wiara a Kościół jako wspólnota*, w: B. Bejze, *W nurcie zagadnień posoborowych*, t. 4, Warszawa 1970, s. 122; H. Witczyk (red.), *Encyklopedia Chrześcijaństwa. Historia i współczesność. 2000 lat nadziei*, Kielce 2000, s. 752.
[17] Por. Jan Paweł II, *Co to znaczy wierzyć*. Audiencja ogólna 13.03.1985, w: Jan Paweł II, *Wierzę w Boga Ojca Stworzyciela...*, dz. cyt., s. 41.
[18] Por. KKK 150; A. Zuberbier, *Wiara...*, dz. cyt., s. 631.

treści i przyjmuje je nie z powodu ich oczywistości, lecz ze względu na autorytet i wiarygodność samego Boga, który nie może się mylić ani nikogo mylić nie może[19]. Z drugiej zaś strony wiara jest aktem woli oraz uczuć. Dlatego przy jego analizie nie można pomijać działania żadnej z władz człowieka.

Konstytucja dogmatyczna o Objawieniu Bożym ukazała wiarę jako akt całej osoby ludzkiej powierzającej się Bogu dzięki Jego łasce[20]. Akt wiary ma strukturę wydarzenia interpersonalnego, gdyż jest spotkaniem człowieka z osobowym Bogiem. Inicjatorem tego spotkania jest objawiający się Bóg. Człowiek, rozpoznawszy Jego wezwanie, winien na nie odpowiedzieć osobową decyzją wiary.

Do zaistnienia aktu wiary potrzebne są określone predyspozycje podmiotu. Warunkiem podstawowym i koniecznym jest jego osobowe istnienie, z którego wynika podmiotowość działań. Człowiek, będąc osobą, poznaje, wybiera, podejmuje decyzje, spełnia określone czyny, a dokonuje tego w sposób rozumny i wolny. W akcie wiary uczestniczy człowiek ze wszystkimi władzami duchowymi i cielesnymi, jest to akt całej osoby ludzkiej. Chociaż jest to akt wewnętrznie zwarty i jednolity, to w jego analizie można wyróżnić udział oraz działanie poszczególnych władz człowieka: rozumu, woli i uczuć, a przede wszystkim działanie Bożej łaski[21].

Sobór Watykański II przedstawił opis wiary w postaci antropologicznego ujęcia poszczególnych jej składników w całościowej postawie człowieka. Wiara obejmuje zatem całe życie ludzkie. W niej cały człowiek oddaje się Bogu w całkowitej wolności[22].

---

[19] Por. B. Sesboüe, Ch. Theobald, *Historia dogmatów...*, dz. cyt., s. 246.
[20] Por. KO 5.
[21] Por. J. Mastej, *Wiara*, dz. cyt., s. 1324.
[22] Por. KO 5; Ch. Schütz, *Praktisches Lexikon der Spiritualität*, Freiburg 1988, s. 526.

Akt wiary jest wynikiem wolnej decyzji człowieka. Działanie woli ujawnia się w dwojaki sposób: jako wybór i jako działanie. Wola pragnie dobra, dokonuje jego wyboru oraz decyduje się na podjęcie określonych działań w celu jego pozyskania. W akcie wiary tym dobrem jest Bóg i Jego objawienie. Osoba ludzka winna najpierw właściwie rozpoznać swój byt i swoją ludzką egzystencję, gdyż niewłaściwe rozpoznanie własnego bytu może prowadzić do błędnego rozpoznania rzeczywistości nadprzyrodzonej, a w konsekwencji może utrudniać lub wręcz uniemożliwiać podjęcie decyzji wiary.

Uznanie przez człowieka prawdy, że jest bytem osobowym, stworzonym, istotą cielesno-duchową posiadającą godność ludzką, jest właściwą postawą, która pomaga w osobowym spotkaniu z Bogiem w wierze. Przeszkodami w decyzji wiary mogą być: ukierunkowanie życia na doczesność, przywiązanie do pozornego dobra, pycha, brak zmysłu moralnego. Do przyjęcia objawienia konieczne jest wyczulenie i otwarcie człowieka na całą otaczającą go rzeczywistość, przyjmowanie przez niego właściwej hierarchii wartości oraz akceptacja rzeczywistości nadprzyrodzonej.

Do zaistnienia wiary konieczna jest dobra wola podmiotu wiary. Tylko człowiek otwarty, o dobrej woli, w spotkaniu z autentyczną prawdą, dobrem, pięknem i miłością ubogaca swoją osobowość, a rozpoznając te wartości, akceptuje je jako pochodzące od Boga. Udział wolnej woli widoczny jest zarówno na drodze do wiary, czyli przed podjęciem aktu wiary, jak również w samej decyzji wiary. W akcie wiary ważne też jest nastawienie emocjonalne (pozytywne lub negatywne) oraz uczucia[23].

Ponieważ wiara jest w pełni dziełem Boga i w pełni dziełem człowieka, w niej dopełniają się tu i teraz dzieje więzi między Bogiem a człowiekiem. Wiara jest ostatecznie spotkaniem, wspólnotą, przyjaźnią z Bogiem. Wiara to osobisty związek człowieka ze Stwórcą, któremu spodobało się – jak głosi Sobór

[23] Por. J. Mastej, *Wiara*, dz. cyt., s. 1324–1325.

Watykański II – „powołać ludzi do uczestniczenia w swym życiu”[24]. Bóg wzywa człowieka do uczestnictwa w swym życiu przez wiarę w Jezusa Chrystusa. Wiara jest więc osobistym spotkaniem człowieka z Bogiem, który objawia się ostatecznie i najpełniej w Jezusie Chrystusie[25].

Bóg w sposób nadprzyrodzony odkrywa przed człowiekiem swe tajemnice, działa na jego umysł i serce, aby człowiek mógł otworzyć się na Boże objawienie. Człowiek zaś zdobywa się na czyn i w wierze daje Bogu odpowiedź. Wiara jest więc życiowym dialogiem człowieka z Bogiem. Bóg przemawia i zaprasza, a człowiek – wzmocniony łaską światła i mocy – odpowiada[26]. To wszystko jest urzeczywistnieniem się ludzkiego bytu, gdyż prowadzi do zbawienia całego człowieka. Kto wierzy, ten dostępuje zbawienia[27].

Pozytywna odpowiedź na dar wiary sprawia, że człowiek całe swoje życie podporządkowuje boskiej woli i powierza siebie całego Bogu[28]. Wiara jest tutaj posłuszeństwem rozumu i woli wobec objawiającego się Boga. Posłuszeństwo jest przede wszystkim przyjęciem w prawdzie tego, co Bóg objawia[29]. Aby doszło do takiej decyzji, wiara, którą chrześcijanin otrzymał na chrzcie świętym, musi przejść odpowiednie etapy rozwoju (por. 2 Kor 10,15) i dojść aż do pełni (por. 1 Tes 1,5)[30]. Ważną rolę w tym procesie odgrywa dom rodzinny. Rodzice, współpracując z łaską wiary dziecka[31], wprowadzają je w zażyłość i przyjaźń z Bogiem[32]. Kształtując w ten sposób świadomość religijną dziecka, pomagają mu w kroczeniu drogą wiary poprzez kolejne etapy jego rozwoju biologicznego. Gdy

---

[24] DM 2.
[25] Por. KKK 166.
[26] Por. F. Zapłata, *Wiara a misje*, w: B. Bejze, *W nurcie zagadnień posoborowych*, t. 4, Warszawa 1970, s. 130; M. Rusecki, *Rozum i wiara z perspektywy teologii fundamentalnej w świetle encykliki „Fides et ratio”*, dz. cyt., s. 252.
[27] Por. Niemiecka Konferencja Biskupów, *Katolicki katechizm dorosłych...*, dz. cyt., s. 41–42, 84.
[28] Por. W. Kasper, *Rzeczywistość wiary*, Warszawa 1979, s. 70.
[29] Por. Jan Paweł II, *Plan objawienia wypełniony w Jezusie Chrystusie*. Audiencja ogólna 3.04.1985, w: Jan Paweł II, *Wierzę w Boga Ojca Stworzyciela...*, dz. cyt., s. 51.
[30] Por. J. Pfammatter, *Glaube nach der Heiligen Schrift...*, dz. cyt., s. 809.
[31] Por. DA 11.
[32] Por. KL 10.

odpowiedź człowieka na Boży dar wiary jest negatywna, wiara się nie rozwija. Odrzucenie Boga to postawa, która określana jest jako ateizm.

Przyjęcie wiary

Bóg, który się objawia, zbliża się ku człowiekowi i obdarza go swymi darami. Jednym z nich jest wiara, która podnosi człowieka na poziom nadprzyrodzony[33] i jednoczy go z Bogiem. Boża inicjatywa, Jego miłość i dobroć względem człowieka nie może pozostać bez odpowiedzi. Odpowiedź ta dawana przez niego może mieć wydźwięk pozytywny, względnie negatywny. Odpowiedzią pozytywną jest przyjęcie Bożego daru, jakim jest wiara, i złożenie w darze swego człowieczeństwa[34]. Taka postawa wobec Bożej inicjatywy domaga się wiary w treść objawienia[35], czyli zawierzenia Bogu samemu, który się objawia i wzywa do przyjęcia ujawnionego przez Chrystusa zbawczego planu Ojca. Człowiek, przyjmując Boże objawienie, akceptuje Boży plan zbawienia, który polega na uczestniczeniu w naturze i w życiu wewnętrznym Boga samego[36]. Człowiek dokonuje wówczas aktu wiary, pokazując, że przyjmuje Boga i Jego istnienie, że wierzy w Boga, który jest podstawą i celem egzystencji człowieka[37].

Akt takiego przyjęcia, mimo że jest dokonywany pod wpływem Bożej łaski, zawsze winien być aktem całej osoby ludzkiej, oddającej się osobowemu Bogu, to jest aktem w pełni świadomym, wolnym i nieprzymuszonym[38]. Przez akt wiary

---

[33] Por. S. Moysa, *O pogłębienie teologii wiary*, „Collectanea Theologica" 40 (1970), s. 180; F. Krenzer, *Taka jest nasza wiara*, Paryż 1981, s. 85; J. Brudz, *Łaska Boża w psychologicznej analizie aktu wiary*, „Ateneum Kapłańskie" 50 (1949), s. 210.
[34] Por. Jan Paweł II, *Plan objawienia wypełniony w Jezusie Chrystusie*. Audiencja ogólna 17.04.1985, w: Jan Paweł II, *Wierzę w Boga Ojca Stworzyciela...*, dz. cyt., s. 51; KKK 142.
[35] Por. KO 5; F. Krenzer, *Taka jest nasza wiara...*, dz. cyt., s. 83; K. Wojtyła, *U podstaw odnowy*, wyd. II, Kraków 1988, s. 47; H. Wistuba, *Życie wiarą*, „Katecheta" 12 (1968), s. 163.
[36] Por. Jan Paweł II, *Wiara odpowiedzią na samoobjawienie się Boga*, w: Jan Paweł II, *Wierzę w Boga Ojca Stworzyciela...*, dz. cyt., s. 56.
[37] Por. W. Kasper, *Rzeczywistość wiary*, Warszawa 1979, s. 57.
[38] Por. DWR 9–10; KO 5; KKK 166; H. Fries, *Wiara zakwestionowana...*, dz. cyt., s. 21.

człowiek decyduje się całkowicie i w pełnej wolności powierzyć się Bogu[39]. Akt wiary nie może być dokonany bez uprzedniej pomocy łaski Bożej i bez wewnętrznego wsparcia Ducha Świętego, który porusza serce i zwraca je ku Bogu, który otwiera oczy rozumu, by można było przyjąć prawdę i w nią uwierzyć [40]. „Wiara jest najpierw osobowym przylgnięciem człowieka do Boga; równocześnie i w sposób nierozdzielny jest ona dobrowolnym uznaniem całej prawdy, którą Bóg objawił"[41].

Wiara jest posłuszeństwem, przez które człowiek poddaje Bogu swój umysł i wolę[42]. Tego rodzaju ujęcie odpowiada tzw. definicji technicznej[43]. Wyraża ono jedną z podstawowych prawd chrześcijaństwa. Podkreśla przede wszystkim, że wiara jest odpowiedzią wyrażającą posłuszeństwo Bogu. Wiąże się z tym uznanie Jego boskości, transcendencji i doskonałej wolności. Bóg, który pozwala się poznać, autorytetem swojej absolutnej transcendencji zaświadcza o wiarygodności objawianych przez siebie prawd. Przez wiarę człowiek wyraża akceptację tego Bożego świadectwa. Oznacza to, że w sposób pełny i w całości uznaje za prawdę wszystko, co zostało mu objawione, ponieważ sam Bóg jest jego rękojmią. Ta prawda, którą otrzymuje w darze, wpisuje się w kontekst relacji międzyosobowych, nakłaniając rozum, aby otworzył się na jej przyjęcie i uznał jej głęboki sens. Właśnie dlatego akt zawierzenia Bogu był zawsze rozumiany przez Kościół jako moment fundamentalnego wyboru, który angażuje całą osobę. Rozum i wola wyrażają tu w najwyższym stopniu swą naturę duchową, aby pozwolić człowiekowi na dokonanie aktu, w którym realizuje się w pełni jego osobowa wolność. Wolność zatem nie tylko towarzyszy wierze, ale jest jej nieodzownym warunkiem. Co więcej, to właśnie wiara pozwala każdemu jak najlepiej wyrazić swoją wolność. Akt wiary jest najdonioślejszym wyborem w

---

[39] Por. Benedykt XVI, List apostolski w formie motu proprio *Porta fidei*..., dz. cyt., nr 10.

[40] Por. E. Stakemeier, *Die Konzilskonstitution über die göttliche Offenbarung*, Paderborn 1966, s. 118.

[41] KKK 150.

[42] Por. KO 5.

[43] Por. Jan Paweł II, *Co to znaczy „wierzyć"?* Audiencja ogólna 13.03.1985, w: Jan Paweł II, *Wierzę w Boga Ojca Stworzyciela*..., dz. cyt., s. 39.

życiu człowieka. To w nim bowiem człowiek w swej wolności dochodzi do pewności prawdy i postanawia w niej żyć[44]. Posłuszeństwo wiary jest tutaj rozumiane jako całkowite i osobiste poświęcenie, oddanie się i pełne ufności powierzenie się człowieka Bogu[45]. Posłuszeństwo to postawa otwartości względem Boga[46].

Wiara rodzi się, gdy człowiek odpowiada na skierowane do niego przez Boga słowo. Stąd cała wiara chrześcijańska jest dialogiem między Bogiem a człowiekiem, a jest to dialog zbawczy. Źródło tego dialogu jest wzniosłe, ponieważ jest „zrodzone w umyśle samego Boga. Religia ze swej natury wymaga pewnej łączności między Bogiem a człowiekiem, która się wyraża w modlitwie. Stanowi ona bowiem pewnego rodzaju dialog. Także i objawienie, to jest nadprzyrodzona więź, którą sam Bóg ustanowił z ludźmi, może być jakby pewnego rodzaju dialogiem, w który słowo Boże przemawia czy to poprzez wcielenie, czy w Ewangelii. Ojcowski i święty dialog między Bogiem a ludźmi, przerwany po nieszczęsnym upadku Adama, został potem wznawiany w późniejszych epokach"[47].

Sobór Watykański II ujmuje wiarę jako dobrowolne i całkowite powierzenie się człowieka Bogu. Wyrażenie „posłuszeństwo wiary" jest zaczerpnięte z listów do Rzymian i do Koryntian. W posłuszeństwie tym gra rolę i umysł, i wola. Jest ono bowiem aktem całej osoby ludzkiej, działającej pod wpływem łaski[48]. Jako że Bóg „objawia siebie samego" i ujawnia człowiekowi zbawczą „tajemnicę swojej woli", to jest rzeczą słuszną tak objawiającemu się Bogu okazać „posłuszeństwo wiary", poprzez które człowiek w swej wolności

---

[44] Por. FR 13.

[45] Por. E. Stakemeier, *Die Konzilskonstitution...*, dz. cyt., s. 118–119.

[46] Por. A. Dalberto, *Duch Święty w Nowym Testamencie, w Kościele, w życiu chrześcijańskim*, Kraków 2001, s. 85.

[47] ES 72; por. B. Sesboüe, Ch. Theobald, *Historia dogmatów...*, dz. cyt., s. 450.

[48] Por. A. Zuberbier, *Wiara...*, dz. cyt., s. 632; S. Jóźwiak, *Wiara podstawowym dynamizmem moralnym osoby*, „Verbum vitae" 5 (2004), s. 187.

cały powierza się Bogu, okazując Mu „pełne poddanie umysłu i woli" oraz „ochotnie przyjmując udzielone przez Niego objawienie"[49].

W poznaniu przez wiarę człowiek przyjmuje za prawdę całą nadprzyrodzoną i zbawczą treść objawienia, jednakże to przyjęcie za prawdę równocześnie wprowadza go w głęboko osobowe odniesienie do samego objawiającego się Boga. Skoro właściwą treścią objawienia jest zbawcze „samoudzielanie" się Boga, to odpowiedź wiary jest prawidłowa o tyle, o ile człowiek – przyjmując za prawdę ową zbawczą treść – równocześnie cały powierza się Bogu. Tylko takie integralne „powierzenie się Bogu" ze strony człowieka stanowi adekwatną odpowiedź na przyjęcie Bożej prawdy.

Jak objawienie jest ujawnieniem się wobec człowieka samego Boga Zbawiciela, tak wiara, będąc odpowiedzią człowieka na objawienie Boże, jest całkowitym poddaniem się człowieka Bogu. Jest to proces, który polega na stałym rozwoju wiary, na jej ustawicznym doskonaleniu pod wpływem Ducha Świętego: „Ten sam Duch Święty udoskonala nieustannie wiarę swoimi darami, aby coraz głębsze stawało się rozumienie objawienia"[50].

Wiarę przyjmuje się, wyraża, przeżywa, świadczy o niej i przekazuje ją we wspólnocie wierzących, to znaczy w Kościele. Przyjmuje się ją od tych, którzy już uwierzyli: od rodziców, w swoim środowisku społecznym, dzięki nauczaniu kapłanów czy nauczycieli religii. Wszyscy oni stanowią Kościół. Wspólnie przeżywa się i wyraża wiarę szczególnie w ważnych, przełomowych momentach życia, w liturgii (niedzielna msza święta, sakramenty) i we współdziałaniu inspirowanym przez wiarę. Każdy, kto wierzy i postępuje zgodnie z wiarą, świadczy o niej i przekazuje ją innym.

---

[49] Por. H. Vorgrimler, *Das Zweite Vatikanische Konzil. Konstitutionen, Dekrete, und Erklärungen, lateinisch und deutsch, Kommentare*, Teil II, Verlag Herder, Freiburg 1967, s. 512; A. Zuberbier, *Wiara...*, dz. cyt., s. 631–632.
[50] KO 5.

Wiara jest więc zaproszeniem człowieka na spotkanie z Bogiem i otwarciem go na Bożą rzeczywistość. Jest ona osobistą więzią między człowiekiem a Bogiem, osobowym przylgnięciem człowieka do Boga[51]. Opiera się ona na świadectwie Boga i korzysta z nadprzyrodzonej pomocy łaski[52]. Wiara jest aktem egzystencjalnym, poprzez który człowiek pokłada swą ufność w Bogu, całkowicie Mu się oddając. Wiara jest również decyzją człowieka, by być z Chrystusem i aby z Nim żyć[53]. Wiara rodzi się z przekonania, że Bóg, którego człowiek spotyka w wierze, jest samą prawdą, oparciem nadziei przekraczającej życie ziemskie i kimś godnym bezwarunkowej miłości. Wiara jest ostatecznie tajemnicą obejmującą relację między człowiekiem a Bogiem. Z jednej strony jest ona całkowicie wolnym, osobistym aktem człowieka, a z drugiej przeżywa on ją jako ogarnięcie go przez Boga, jako wezwanie, którego nie można odrzucić, jako bezcenny dar[54]. Wiara w Boga jest trwaniem przy Bogu, przez co człowiek osiąga trwałe oparcie w życiu[55] i dzięki czemu kształtuje się jego postawa wobec całej rzeczywistości. Wiara jest przyznaniem prymatu temu, co niewidzialne, jako właściwej rzeczywistości, na której opiera się ludzkie istnienie[56].

Wiara winna nosić piętno osobistego wyboru. Wówczas jest ona w pełni świadoma i dojrzała. Wierząc, człowiek dostrzega w Bogu swoje dobro, sens swojego życia oraz doniosłość właściwego pokierowania nim ku rzeczywistemu i ostatecznemu szczęściu[57]. Stąd też można mówić o wierze świadomej, za której kształt odpowiedzialny jest człowiek. Wiara nie może więc być tylko dziedziczona, przekazana przez dom rodzinny czy środowisko. Przekazana zaś jest

---

[51] Por. Por. KKK 150; Papieska Rada ds. Krzewienia Nowej Ewangelizacji, *Żyć Rokiem Wiary. Program duszpasterski*, Częstochowa 2012, s. 25.
[52] Por. FR 9.
[53] Por. Benedykt XVI, List apostolski w formie motu proprio *Porta fidei...*, dz. cyt., nr 10.
[54] Por. A. Zuberbier, *Wiara...*, dz. cyt., s. 632–633.
[55] Por. J. Ratzinger, *Wprowadzenie w chrześcijaństwo*, Kraków 1970, s. 31.
[56] Por. tamże, s. 34–35.
[57] Por. A. Zuberbier, *Wiara...*, dz. cyt., s. 631.

jedynie podprowadzeniem do takiego punktu, w którym człowiek sam jest w stanie wyrazić zgodę na to, by zrobić Bogu miejsce w swoim życiu.

Potwierdzenie wiary osobistym wyborem odkłada się nieraz na długie lata. Czasem dokonuje się ono pośrednio, niepostrzeżenie w aktach życia religijnego. Zdarzają się wypadki, że wiara na stałe pozostaje czymś niewiele znaczącym – jakby była zaledwie jednym z dodatków do całokształtu ludzkiego życia[58].

W przyjęciu wiary bardzo ważną rolę odgrywają motywy[59], które skłaniają do opowiedzenia się za Bogiem. Pozwalają one wyrwać się nieraz ze środowiska czy kręgu rodzinnego, w którym człowiek stawał się katolikiem przez urodzenie i gdzie otrzymał określony styl życia, wartości etyczne i estetyczne, poglądy i praktyki religijne[60]. Wymienione uwarunkowania i zależności od środowiska nie zawsze pobudzały go do życia wiarą w pełni dojrzałą. Mogły być dla niego czymś tylko zewnętrznym i w jakiś sposób zniewalały go. Do wyrwania się z takiego kręgu przyczynia się łaska Boża, która wzmacnia siły i wspomaga w rozwoju[61]. Przy jej pomocy człowiek uświadamia sobie swoją pustkę i niewystarczalność[62]. Dlatego też z pokorą przyjmuje Boży dar, który tę pustkę może zapełnić. Uznając jego wartość, opowiada się za Bogiem, wobec którego przyjmuje postawę ufności i uległości. Kierując się rozumnym posłuszeństwem (por. Rz 16,26; 1,5; 2 Kor 10,5-6)[63], powierza swe życie Bogu[64] oraz daje osobistą odpowiedź i jednoczy się z Nim w akcie wzajemnej miłości[65].

[58] Por. J. Pietraszko, *Wiara punkt wyjścia w realizacji synodu*, „Znak" 225 (1973), s. 309–310.
[59] Por. K. Rahner, *Podstawowy wykład wiary...*, dz. cyt., s. 196.
[60] Por. J. Mariański, *Socjologiczne motywy wiary*, „W drodze" 7 (1975), s. 11–12.
[61] Por. K. Wojtyła, *U podstaw odnowy...*, dz. cyt., s. 20.
[62] Por. F. Krenzer, *Taka jest nasza wiara*, Paryż 1981, s. 362.
[63] Por. DWR 10; KO 5; H. Fries, *Wiara zakwestionowana*, Warszawa 1975, s. 20.
[64] Por. KDK 19; K. Wojtyła, *U podstaw odnowy...*, dz. cyt., s. 20.
[65] Por. J. Sieg, *Wiara Kościoła obecnego w świecie*, w: R. Darowski (red.), *Otwarci w wierze*, Kraków 1974, s. 57.

Rozwój daru wiary i jego owoce

Wiara, którą chrześcijanin otrzymuje w zarodku na chrzcie świętym[66], jest rzeczywistością dynamiczną, podlegającą ciągłemu rozwojowi (por. 2 Tes 1,3)[67]. Jej wzrost powinien iść w parze z rozwojem biologicznym człowieka[68]. Ognisko rodzinne jest miejscem, gdzie od chwili chrztu świętego wiara dziecka wkracza w proces stawania się[69]. Polega on na tym, że dziecko samorzutnie uczestniczy w wierze rodziców, a zwłaszcza matki. Oni też stwarzają dziecku klimat, w którym może później rozwijać swoją wiarę. Akty religijne rodziców nie są bez znaczenia dla wiary dziecka, gdyż są oni dla niego „pierwszym sumieniem"[70]. Ich zadaniem w tym okresie jest wdrażać dziecko do osobistej zażyłości i przyjaźni z Bogiem poprzez rozmowę i modlitwę. Od samego początku mają kształtować świadomość religijną dziecka i pomagać mu zharmonizować modlitwę z jego postępowaniem.

W wychowaniu rodzice muszą pamiętać, że pojęcia i wyobrażenia o Bogu z tego okresu mają ogromny wpływ na późniejszy stosunek dzieci do religii i do Boga. Dlatego mają się starać o to, by one były kształtowane w sposób właściwy. Ważnej pomocy w tym względzie udziela Pismo Święte[71].

W wieku stawiania pytań (od 4 do5 lat) wiara dziecka koncentruje się na osobie Jezusa i stopniowo zaczyna odrywać się od wiary rodziców, co ostatecznie dokona się z chwilą osiągnięcia przez nie wieku rozumowania (6–7 lat). W tym okresie dziecko wierzy już nie tylko swoim rodzicom, lecz także Bogu. Przeżywa

---

[66] Por. KKK 168.

[67] Por. R. Rogowski, *Teologia żywej wiary*, „Znak" 222 (1972), s. 1586; Paweł VI, *Obowiązek dawania świadectwa swojej wierze.* Audiencja ogólna 14.12.1966, w: Paweł VI, *Trwajcie mocni w wierze*, t. 1, Kraków 1970, s. 75; S. Wilkanowicz, *Dlaczego i jak wierzę*, Kraków 1969, s. 7, 132.

[68] Por. J. Colomb, *Stawanie się wiary*, Warszawa 1980, s. 9.

[69] Por. KK 11.

[70] Por. J. Colomb, *Stawanie się wiary...*, dz. cyt., s. 16.

[71] Por. DA 11; DWCH 3; H. Wistuba, *Życie wiarą*, „Katecheta" 12 (1968), s. 165–166.

ono intymniej i bardziej osobiście Jego obecność. Wyobrażenia, jakie miało o swoich rodzicach, przenosi teraz na Boga. Uczęszcza na zgromadzenia eucharystyczne. Wie już, co znaczy ofiarować siebie Ojcu wraz z Jezusem, co znaczy kochać Jezusa i swoich braci, może wyrażać i karmić swoją wiarę w Eucharystii. Jego wiara rozwija się dzięki doświadczeniom życia codziennego[72].

W okresie dojrzałego dzieciństwa (9 rok) wiara jest bardziej światła i jest oceniana przez rozum. Grozi jej jednak spłycenie i werbalizm, jeśli dziecko nie nada swym praktykom głębszego znaczenia. Obserwując życie religijne rodziców i parafian, a zwłaszcza ich praktyki religijne, dziecko może uwolnić się od wrażenia, że są one sprawą wyłącznie dziecięcą.

Okres młodzieńczy jest najbardziej burzliwym stadium rozwoju. Budzi się w nim krytycyzm, podważane są autorytety, podejmowane poszukiwania; młody człowiek doświadcza wzlotów, upadków i wahań. Wiara młodych ludzi przeżywa różne chwile. Domagają się oni uzasadnienia swojej wiary. Zadaniem rodziców jest wówczas uświadomienie młodemu człowiekowi, że świat rozumu jest czymś odmiennym od świata wiary. Młodzi, zmagając się z trudnościami, doceniają i odczuwają pomoc, którą otrzymują zwłaszcza na lekcjach religii. Umocnieniem dla chwiejącej się wiary jest katecheza, msza święta, przystępowanie do sakramentów, czytanie Pisma Świętego[73]. Młodzi, którzy dotąd byli bierni w swej wierze, nie unikną kryzysu, który może ich doprowadzić do utraty otrzymanego daru. Ci natomiast, którzy w sposób właściwy kształtowali swoją postawę wobec Boga dzięki rodzinie i wzorom chrześcijan, w tym okresie powinni przechodzić stopniowo od wiary otrzymanej do wybranej i osobistej[74].

W późniejszym okresie życia wiara wyniesiona z dzieciństwa wzbogaca się o coraz to nowe doświadczenia[75]. W miarę rozwoju osobowego staje się coraz

---

[72] Por. J. Colomb, *Stawanie się wiary...*, dz. cyt., s. 17–19.
[73] Por. DWCH 4; H. Wistuba, *Życie wiarą...*, dz. cyt., s. 167–168.
[74] Por. J. Colomb, *Stawanie się wiary...*, dz. cyt., s. 23–24.
[75] Por. J. Mariański, *Socjologiczne motywy wiary*, „W drodze" 7 (1975), s. 16.

bardziej osobista i wymaga ciągłego potwierdzania[76]. Dojrzewa i rozwija się we wspólnocie Ludu Bożego. Więź z ową wspólnotą, modlitwa oraz uczestnictwo w sakramentalnym życiu Kościoła – o czym mówi sobór – zasila wiarę i pomaga jej przetrwać nawet najtrudniejsze życiowe chwile[77]. Wiara może być niekiedy wystawiona na próbę i zagrożenia, może być osaczona i otwarcie zwalczana. Aby nie została zduszona i nie zamarła, musi być stale żywiona i umacniana Słowem Bożym oraz wsparciem wspólnoty wierzących[78]. Tradycja i Pismo Święte zasilają wiarę i przyczyniają się do prowadzenia świętego życia przez Lud Boży i pomnożenia w nim wiary[79]. Wtedy też przez wiarę Kościoła wiara poszczególnych chrześcijan rośnie i staje się mocniejsza[80].

Wiara wymaga od człowieka stałej czujności umysłu, przyzwolenia wewnętrznego oraz świadomości tego, czym jest – stopniowym zdobywaniem[81]. O mocną wiarę trzeba nieustannie prosić, jak to uczynił ojciec w Ewangelii według św. Marka: „Wierzę, zaradź memu niedowiarstwu" (Mk 9,24). Z kolei Ewangelia według św. Jana przytacza słowa Chrystusa: „Ja jestem prawdziwym krzewem winnym, a Ojciec mój jest tym, który [go] uprawia. Każdą latorośl, która we Mnie nie przynosi owocu, odcina, a każdą która przynosi owoc, oczyszcza, aby przynosiła owoc obfity" (J 15,1-2). Żywotność latorośli zależy od tego, czy są mocno osadzone w krzewie winnym, którym jest Jezus Chrystus: „Kto trwa we Mnie, a Ja w nim, ten przynosi owoc obfity, ponieważ beze Mnie nic nie możecie uczynić" (J 15,5). Człowiek w swojej wolności wezwany jest przez Boga, by rósł,

---

[76] Por. J. Colomb, *Stawanie się wiary...*, dz. cyt., s. 27.

[77] Por. KL 59; DE 23; Cz. Drążek, *Przymnóż nam wiary*, w: R. Darowski (red,), *Otwarci w wierze...*, dz. cyt., s. 32.

[78] Por. EN 54.

[79] Por. Jan Paweł II, *Przekazywanie Bożego objawienia*. Audiencja ogólna 24.04.1985, w: Jan Paweł II, *Wierzę w Boga Ojca Stworzyciela...*, dz. cyt., s. 64.

[80] Por. Benedykt XVI, List apostolski w formie motu proprio *Porta fidei...*, dz. cyt., nr 7.

[81] Por. Paweł VI, *Pożytek wiary w świecie współczesnym*. Audiencja ogólna 5.06.1968, w: Paweł VI, *Trwajcie mocni w wierze*, t. 2, Kraków 1974, s. 49.

dojrzewał i przynosił owoc. Tego wezwania nie może on nie podjąć, nie może się uchylać od osobistej odpowiedzialności, jeśli nie chce zmarnować życia[82].

Do owoców, jakie przynosi współpraca z darem wiary, należą: mocna więź z Bogiem, dary, owoce i charyzmaty Ducha Świętego, rozszerzanie się królestwa Bożego w świecie, prowadzenie chrześcijańskiego życia w świetle Ewangelii Jezusa Chrystusa, dawanie świadectwa wiary w codziennym życiu, zaangażowanie apostolskie w dziele ewangelizacyjnym Kościoła, głoszenie orędzia zbawienia wszystkim ludziom oraz przemiana osobistego życia. Ponadto owoce życia wiarą w łonie Kościoła to świadectwo ożywczej mocy Ewangelii, miłość w rodzinach i otwarcie się na życie, nowe zaangażowanie w prawdziwym duchu ekumenicznym, odwaga wspierania inicjatyw sprawiedliwości społecznej i solidarności oraz radość poświęcenia własnego życia w odpowiedzi na powołanie do życia kapłańskiego bądź zakonnego[83].

Możliwość odrzucenia łaski wiary

Postawa niewiary, z jaką się dziś powszechnie spotykamy, a o której mówi sobór w Konstytucji duszpasterskiej o Kościele w świecie współczesnym i dokumenty Urzędu Nauczycielskiego Kościoła, jest zjawiskiem dość powszechnym na gruncie chrześcijańskim[84]. Może ona – choć nie musi – wzrastać na ruinach wiary, jak mówi Sobór Watykański II[85].

---

[82] Por. ChL 57.

[83] Por. Synod Biskupów, XIII Zwyczajne Zgromadzenie Ogólne, *Instrumentum laboris*, nr 122.

[84] Por. KDK 19; R. Darowski, *Kościół wobec zjawiska ateizmu*, w: F. Adamski, *Socjologia religii*, Kraków 1983, s. 543; Ch. Moeller, *O teologii niewiary*, „Concilium" 1–10 (1966/67), wyd. pol., s. 96.

[85] Por. F. Bargieł, *Niektóre źródła współczesnego ateizmu*, w: F. Adamski (red.), *Socjologia religii*, Kraków 1983, s. 481–482.

Podobnie jak świat wiary ukazuje bogatą skalę form i treści, tak i świat niewiary w żadnym wypadku nie stanowi zjawiska jednorodnego. Przedrostek „nie" (w słowie „niewiara") i „a" (w słowie „ateizm") świadczą o tym, że zjawisko to może być opisane jedynie w kategoriach negacji. Formalnie biorąc, ateizm polega na zaprzeczeniu istnienia Boga. Termin ten nie mówi nic więcej. Nie mówi nic o tym, w co ateista poza tym wierzy, jaki jest styl jego życia i jakie wartości uznaje. Mówi jedynie, że nie wierzy w Boga. Jest to określenie często negatywne, przeciwstawiające ateistę człowiekowi, który wierzy w Boga. Można przy tym założyć, że autentyczny ateista musi posiadać pojęcie Boga, skoro Jego istnieniu przeczy.

Ateizm bywa również rozumiany jako protest przeciw wierze w Boga, płynący z nieudolności głębokiego przeżywania życia albo też jako protest przeciwko Bogu, którego ogłasza się „martwym". U korzeni współczesnego ateizmu tkwi przekonanie, że człowiek musi sam kształtować rzeczywistość bez pomocy i interwencji Boskiej oraz że on sam ponosi odpowiedzialność za to, co jest z tego świata. Zbędne staje się odwołanie do Boga jako Opatrzności, sprawcy cudów, ostatecznej ucieczki. Człowiek jest świadomy swojej samoistności, swoich możliwości badania tego świata, kontrolowania go oraz zdobywania doskonalszej i głębszej o nim wiedzy. Nie potrzebuje pomocy Boskiej, woli działać bez takiego Boga, który potrafi jedynie wyjaśnić sens cierpienia w świecie, ale go ze świata nie usuwa; który naporowi poszukiwań i wysiłków, zmierzających do udoskonalenia świata, stawia granice. Współczesny człowiek już nie czuje się w tym świecie zagrożony przez tajemne siły, a tam, gdzie pojawia się rzeczywiste niebezpieczeństwo, gotów jest odważnie stawić mu czoło, powodowany wolą zagwarantowania życiu maksimum pewności, afirmując to, co przynosi mu los: śmierć, chorobę, słabość. Bóg nie jest zdolny tej ludzkiej niedoli zniweczyć albo przynajmniej uczynić ją lżejszą; człowiek sam musi być wystarczająco silny, aby podjąć swój los jako trudne zadanie życia[86]. Centralne

[86] Por. T. Steeman, *Psychologiczne i socjologiczne aspekty współczesnego ateizmu*, „Concilium" 1–10 (1966/67), wyd. pol., s. 115.

miejsce w idei postępu zajmuje rozum i wolność. Postęp jest przede wszystkim kierowany wzrostem panowania rozumu. Daje on człowiekowi nadzieję i możliwość pokonania wszelkich zależności oraz prowadzi go ku doskonałej wolności. Postęp ofiaruje mu nowe możliwości czynienia dobra[87].

To jest oczywiście bardzo ogólna charakterystyka ateizmu. Niewątpliwym faktem jest, że dzisiejszy rozwój ekonomiczny i techniczny tak zdecydowanie czyni współczesnego człowieka ośrodkiem świata całkowicie przez niego opanowanego, że poszerzenie perspektyw na istotne zagrożenie życia mniej gwałtownie się narzuca. Przy wnikliwszej analizie obecnego stanu rzeczy może się jednak okazać, że człowiek żyje w „świecie ryzyka"[88].

U kolebki ateizmu – choć nie w każdym przypadku – leży osobisty kontakt ze światem nadprzyrodzonym. Na mocy wolnego wyboru nastąpiło odrzucenie przez człowieka zaproszenia do przyjaźni i zażyłości z Bogiem, a tym samym zerwanie z Nim łączności[89]. Z tą chwilą rozpoczął on drogę swego życia bez Boga. Jego serce zamknęło się na wartości nadprzyrodzone. Bóg nie ma do niego wstępu [90].

Aby odpowiedzieć, jak do takiego momentu doszło i jakie są przyczyny tak ważnej decyzji życiowej, można odwołać się do Konstytucji duszpasterskiej o Kościele w świecie współczesnym, która mówiąc o formach i korzeniach ateizmu – choć nie podchodzi do nich w sposób systematyczny i wyczerpujący – wymienia przynajmniej niektóre z nich. Oto one:

– pewna niezdolność do religijnych przeżyć – obojętność religijna

---

[87] Por. SpS 18, 22.

[88] Por. SpS 22; U. Beck, *Risikogesellschaft. Auf dem Weg in eine andere Moderne*, Frankfurt a. M. 1986, s. 25.

[89] Por. KDK 19.

[90] Por. M. Gogacz, *Ateizm znakiem czasów*, w: B. Bejze (red.), *W nurcie zagadnień posoborowych*, Warszawa 1967, s. 105.

– protest przeciw złu panoszącemu się w świecie

– absolutyzacja niektórych wartości doczesnych

– materializm – nastawienie na doczesność

– krytyka religii

– absolutna autonomia człowieka

– sprzeczność religii z wyzwoleniem gospodarczo-społecznym

– fałszywe, wypaczone wyobrażenie o Bogu

– życie wierzących i chrześcijan przesłaniające czasem prawdziwe oblicze religii[91].

H. Waldenfels, wyliczając przyczyny ateizmu w nawiązaniu do numeru 19 Konstytucji duszpasterskiej o Kościele w świecie współczesnym, formułuje je w następujący sposób:

„Terminem ateizm określa się zjawiska bardzo różniące się od siebie:

– Podczas gdy niektórzy wyraźnie zaprzeczają istnieniu Boga,

– inni uważają, że człowiek nie może niczego pewnego o Nim powiedzieć,

– inni z kolei zagadnienie Boga badają takimi metodami, że wydaje się ono pozbawione sensu.

– Wielu, przekraczając w sposób nieuprawniony granice nauk doświadczalnych albo dąży do tego, by wszystko wyjaśnić jedynie na drodze naukowej,

[91] Por. KDK 19; F. Bargieł, *Niektóre źródła współczesnego ateizmu...* , dz. cyt., s. 483–484.

– albo też przeciwnie – nie dopuszcza już istnienia w ogóle żadnej prawdy absolutnej.

– Niektórzy bardziej, jak się wydaje, skłonni do afirmowania człowieka niż do negowania Boga, tak bardzo wynoszą człowieka, że wiara w Boga traci siłę.

– Inni tworzą sobie taką wizję Boga, że ten wytwór, którym pogardzają, nie jest w żaden sposób Bogiem Ewangelii.

– Inni nawet nie tykają pytań o Boga, zwłaszcza że wydają się nie doświadczać niepokoju religijnego, ani też nie widzą powodu, dla którego mieliby troszczyć się o religię.

– Poza tym ateizm nierzadko rodzi się z gwałtownego protestu przeciwko złu w świecie,

– albo z nieuzasadnionego przypisywania niektórym wartościom ludzkim cech tego absolutu, tak że występują one już zamiast Boga.

– Cywilizacja współczesna, nie sama z siebie wprawdzie, lecz jako nazbyt uwikłana w rzeczy doczesne, może często utrudniać dostęp do Boga"[92].

Istnieją różne formy ateizmu. Jedną z nich jest „ateizm praktyczny"[93]. Występuje u tych ludzi, względnie grup ludzkich, którzy wbrew teoretycznej akceptacji istnienia Boga albo bóstwa, żyją i postępują faktycznie w ten sposób, jak gdyby Boga nie było. Wiara dla takich ludzi nie przedstawia żadnego (lub przynajmniej większego) znaczenia w codziennym myśleniu i działaniu.

[92] Por. KDK 19; H. Waldenfels, *O Bogu, Jezusie Chrystusie i Kościele dzisiaj...*, dz. cyt., s. 40.
[93] Por. R. Winling, *Teologia współczesna*, Kraków 1990, s. 34.

Przyznają oni jej jakąś rolę, ale raczej mało istotną. Pozostają wobec niej właściwie obojętni[94].

Inną z form ateizmu jest ateizm teoretyczny, występujący u ludzi, względnie grup ludzkich, którzy także na płaszczyźnie refleksji nad istnieniem Absolutu wychodzą od braku pewnego poznania Boga lub nawet od zaprzeczenia Jego istnieniu. Jeszcze inną formą ateizmu jest ateizm negatywny, kiedy brak jest w ogóle pojęcia „Bóg" albo kiedy ono już zanikło. Kolejną formą ateizmu jest ateizm agnostyczny albo sceptyczny, gdzie negowana jest możliwość poznania Boga. Inną jeszcze formą ateizmu jest ateizm dogmatyczny, anty-teizm, gdzie zaprzecza się istnieniu Boga.

Możemy jeszcze mówić o ateizmie doktrynalnym, gdzie próbuje się wykazać nieistnienie Boga, a także o ateizmie postulatywnym albo humanistycznym, w którym nieistnienie Boga wymagane jest (postulowane) ze względu na człowieka. Ponadto rozróżnia się ateizm wojujący, który otwarcie zwalcza religię, oraz ateizm „zatroskany" – wśród ludzi bolejących z powodu swej niewiary w Boga[95].

Jedną z przyczyn, która doprowadza do pomijania Boga w życiu, a nawet do Jego zaprzeczenia i odrzucenia, jest sekularyzm, czyli taka koncepcja świata, według której człowiek nie ma potrzeby uciekania się do Boga. Jest On bowiem zbyteczny i nie ma żadnego znaczenia w życiu człowieka, a nawet w nim przeszkadza. Tego rodzaju sekularyzm usiłuje podkreślić potęgę poznawczą człowieka, doprowadza do pomijania Boga, a także do negacji Jego istnienia. W zamian za to przedmiotem swego uwielbienia czyni najróżniejsze bożki[96].

---

[94] Por. N. Lobkowicz, *Przekazywanie wiary*, w: L. Balter, S. Dusza, F. Mickiewicz, *Podstawy wiary...*, dz. cyt., s. 203; H. Waldenfels, *O Bogu, Jezusie Chrystusie i Kościele dzisiaj...*, dz. cyt., s. 40; R. Hajduk, *Przyczyny erozji wiary chrześcijańskiej*, w: P.A. Sokołowski (red.), *Kontrchrześcijaństwo jako kontekst działalności misyjnej w XXI wieku*, Pieniężno 2009, s. 44–45.

[95] Por. H. Waldenfels, *O Bogu, Jezusie Chrystusie i Kościele dzisiaj...*, dz. cyt., s. 40–41.

[96] Por. EN 55; ChL 4.

Przyczyną odejścia człowieka od Boga jest także tzw. ateizm „antropocentryczny", czyli nie tyle abstrakcyjny i metafizyczny, co pragmatyczny, programowy i agresywny. W łączności z sekularyzmem ateistycznym propaguje w różnych postaciach cywilizację konsumpcji, to jest hedonizm podniesiony do rangi najwyższego dobra, wolę władzy i panowania oraz różnego typu dyskryminacje. Jest to humanizm z „nieludzką twarzą"[97].

Kolejną przyczyną odejścia człowieka od Boga są czynniki społeczno-światopoglądowe i duchowo-religijne. One to przyczyniają się do powstania głębokiego kryzysu sumienia i praktyki moralności chrześcijańskiej, a także do oddzielania od Ewangelii tych wartości, które przez wieki stanowiły fundament kultury europejskiej[98].

Człowiek odchodzi od wiary również ze względu na zmiany społeczne i przeobrażenia związane ze stałym postępem technologicznym, a co za tym idzie – zeświecczenie kultury. Przyczynę odejścia od wiary można nieraz znaleźć również w rodzinie, która była niegdyś niezastąpionym miejscem przekazywania wiary, a dzisiaj z wielką trudnością przychodzi jej żyć wiarą, a jeszcze trudniej tę wiarę przekazywać. Odejście od wiary chrześcijańskiej potęguje słabość wychowania religijnego i katechezy w rodzinach i ujawnia się wyraźnie w postawie dzieci i młodzieży, u których zauważa się coraz większy brak podstawowej wiedzy religijnej i coraz rzadszy udział w niedzielnej Eucharystii. Postawa ich rodziców, nieznających nauki chrześcijańskiej, niepraktykujących i obojętnych na konsekwencje wynikające z przynależności do Kościoła, będzie ich w takim stanie utwierdzać. Rodzice ponoszą więc tutaj odpowiedzialność za zaniedbania w wychowaniu religijnym oraz za fałszywy obraz życia z wiary[99]. Częstą przyczyną

---

[97] Por. EN 55.

[98] Por. R. Hajduk, *Przyczyny erozji wiary chrześcijańskiej*, w: P. A. Sokołowski (red.), *Kontrchrześcijaństwo jako kontekst działalności misyjnej w XXI wieku*, dz. cyt., 2009, s. 43.

[99] Por. tamże, s. 60; KDK 19.

oddalania się od Kościoła, a zarazem od wiary jest również odrzucenie doktryny moralnej Kościoła, zwłaszcza w dziedzinie moralności małżeńskiej.

„Uwarunkowania niewiary nie mają charakteru statystycznego, lecz jak wszystkie ludzkie postawy życiowe ulegają z czasem rozwojowi i zmianom. Do przyczyn niezmiennych (...) dołączają się coraz to nowe, dawniej nieznane, ukryte w ludzkiej podświadomości"[100]. Ich wspólnym źródłem wydaje się konflikt między prawdą religijną podaną do wierzenia a ludzką psychiką, jej duchowymi władzami, rozumem i wolą.

Z pewnością nieoczywistość treści religijnej może wyzwolić niewiarę umysłu. Również trudności w spełnianiu wymagań moralnych mogą zrodzić niewiarę serca. Dlatego bardzo istotną sprawą jest sposób podawania prawdy religijnej oraz osobiste podejście i nastawienie do niej. Wypada zgodzić się ze stwierdzeniem, że postawa niewiary nie kształtuje się w jednej chwili[101].

„Zanik wiary następuje również w wyniku odrzucenia dobrej nowiny o Bogu, który w Jezusie Chrystusie stał się człowiekiem, ponieważ jest ona konkretna i zobowiązująca"[102]. Z powodu „braku oparcia w tradycyjnym środowisku rodzinnym ulega osłabieniu przywiązanie jednostki do religii dzieciństwa. Człowiek spotyka w swoim życiu różnego rodzaju wartości i przekonania religijne, dla których niejednokrotnie odrzuca wiarę odziedziczoną po przodkach"[103]. Religia podlega więc indywidualizacji, która oznacza, że człowiek wierzy w to, co uzna za przekonujące. Po praktyki religijne sięga on najczęściej tylko wtedy, gdy odczuwa ich potrzebę[104].

Religia chrześcijańska staje się dzisiaj jednym z wielu światopoglądów. A to prowadzi „do zaniku wiary chrześcijan, którzy pozbawieni wsparcia ze strony

---

[100] Por. F. Bargieł, *Niektóre źródła współczesnego ateizmu...*, dz. cyt., s. 484.
[101] Por. tamże, s. 485.
[102] R. Hajduk, *Przyczyny erozji wiary chrześcijańskiej...*, dz. cyt., s. 52.
[103] Tamże, s. 53.
[104] Por. tamże.

środowiska jednolitego pod względem religijnym i światopoglądowym muszą indywidualnie dążyć do prawdy i poszukiwać dla siebie orientacji w życiu, co skutkuje nieraz odwróceniem się od Chrystusa i opowiedzeniem się za jakąś «modną» filozofią lub religią"[105].

„Chrześcijaństwo niesie z sobą zasób określonych treści, które wydają się często nieprzydatne, a wręcz krępujące człowieka. Dlatego wielu ludzi porzuca wiarę w Boga i odchodzi od Kościoła, gdyż są przekonani, że wiara i Kościół nic im nie dają"[106]. Akceptują oni zaś określoną religię wtedy, gdy za jej pomocą osiągają jakąś praktyczną korzyść życiową. Do zaniku „wiary dochodzi wówczas, gdy człowiek w chrześcijaństwie nie znajduje dla siebie nic interesującego i użytecznego. Co więcej, czasem nawet odnosi wrażenie, że prawda, którą głosi Kościół, jest czymś zbytecznym, a nawet, że ze względu na swój obiektywny charakter oddziałuje represyjnie na ludzi i ogranicza ich wolność (...). Odrzucając «bezużyteczne» chrześcijaństwo, człowiek sięga równocześnie po taki światopogląd i wierzenia, które będą dla niego przydatne jako źródło sensu życia i pociechy w trudnych chwilach"[107].

Sobór Watykański II, mówiąc o fałszywym i wypaczonym wyobrażeniu Boga, stwierdza, że „inni tworzą sobie taką wizję Boga, że ten wytwór, którym pogardzają, nie jest w żaden sposób Bogiem Ewangelii"[108]. Gdyby bowiem poznali autentycznego Boga objawienia chrześcijańskiego, to być może nie odrzuciliby Go wcale. Wypaczona prawda religijna w ich umyśle stała się w tym przypadku przyczyną niewiary.

Przyczyną odejścia od Boga może być także mentalność empiryczna. Człowiek o takiej postawie kieruje swoją uwagę na otaczający go świat. Lgnie do materii (materializm). Zdobycze nauki, techniki i medycyny zawężają jego

---

[105] Tamże, s. 49.
[106] Tamże.
[107] Tamże.
[108] KDK 19.

spojrzenie. Nie zwraca uwagi i nie dostrzega wyższych wartości, na które jest zamknięty. Nie dostrzega również elementów sakralnych, obecności i działania Boga. Pomoc Boża nie jest mu potrzebna. Szuka natomiast oparcia w nauce, technice i medycynie. Wiarę w Boga zastępuje mu wiara w potęgę techniki. Taka mentalność nie jest bez wpływu na jego sposób myślenia. Pod jej wpływem człowiek czuje się panem siebie i całego świata[109]. U podstaw odrzucenia religii i wiary w Boga mogą leżeć także uczucia, siły pożądawcze i wola. Jak umysł może się buntować przeciw treści wiary, tak wola może się sprzeciwiać moralnym nakazom, które wydawać się jej mogą bezpodstawne i niesłuszne[110].

Wiara zanika, jeśli człowiekowi brakuje odpowiednich podstaw intelektualnych, osobistego doświadczenia religijnego oraz impulsów sprzyjających jej dojrzewaniu. Gdy zabraknie odpowiednich warunków i motywacji do wzrostu w wierze, wówczas może ją zagłuszyć kultura relatywistyczna i laicka. Ma to miejsce wtedy, gdy człowiek zdany jest na samego siebie albo gdy świadomie rezygnuje z troski o swoje życie z wiary. Zerwanie łączności z Bogiem i zanik wiary mogą spowodować życiowe rozczarowania oraz doznane od innych zranienia, których człowiek nie jest w stanie wykorzystać jako impulsów do duchowego wzrostu[111].

Wiara zanika również, gdy osoba zadowala się dobrami, które posiada, albo gdy stwierdza, że bez wiary żyje mu się lepiej. Wiara słabnie także wtedy, gdy człowiek nie karmi się Ewangelią, ponieważ nie wie, jak nią żyć. Wiara ulega osłabieniu, jeśli chrześcijanie zapominają o pielęgnowaniu osobistej relacji z Chrystusem[112].

Przyczyn ateizmu nie zawsze należy szukać w ludzkim wnętrzu. Pochodzą one także z zewnątrz, ze środowiska. Do nich należą systemy, ruchy, doktryny

---

[109] Por. KDK 19, 27; F. Bargieł, *Niektóre źródła współczesnego ateizmu...*, dz. cyt., s. 490–491.
[110] Por. F. Bargieł, *Niektóre źródła współczesnego ateizmu...*, dz. cyt., s. 494.
[111] Por. R. Hajduk, *Przyczyny erozji wiary chrześcijańskiej*, dz. cyt., s. 57.
[112] Por. tamże, s. 58.

i akcje promujące ateizm. Postępowanie innych ludzi, ich słowa i czyny mogą odstręczać od wiary lub skłaniać wprost do ateizmu. Nieraz również wierzący ponoszą odpowiedzialność za odchodzenie ludzi od religii i Boga[113].

Konstytucja duszpasterska o Kościele w świecie współczesnym zaznacza, że nie są bez winy ci, którzy dobrowolnie utrzymują Boga z dala od swych serc i nie idąc za nakazem sumienia, usiłują unikać zagadnień religijnych. Również i sami wierzący często ponoszą pewną odpowiedzialność w tym zakresie. Ateizm wynika z różnych przyczyn. Jedną z nich jest krytyczne nastawienie do religii chrześcijańskiej. Dlatego do powstania ateizmu w niemałym stopniu mogą przyczynić się sami wierzący na skutek zaniedbań wychowania w wierze albo przez fałszywy wykład doktryny lub też przez braki w ich własnym życiu religijnym, moralnym i społecznym, przez co zasłaniają oni prawdziwe oblicze Boga i religii[114].

Ateizm sprzyja apoteozie wolności i autonomii jednostki. Posiada on postać programową, która pragnienie autonomii posuwa tak daleko, że budzi opór wobec jakiejkolwiek zależności od Boga. Człowiek sam staje się celem, sprawcą i twórcą własnej historii, a to nie da się pogodzić z uznaniem Pana Boga jako sprawcy i celu wszystkich rzeczy. Doktrynie tej może sprzyjać poczucie siły, którą daje postęp techniczny[115].

We wspomnianej konstytucji czytamy, że współczesny ateizm oczekuje, że wyzwolenie osoby dokona się zwłaszcza na drodze rewolucji ekonomicznej i społecznej. Według ateistów „religia ze swej natury jest przeszkodą do tego wyzwolenia, gdyż wznosząc nadzieję człowieka ku przyszłemu i zwodniczemu życiu, odstręcza go od budowania ziemskiego społeczeństwa"[116].

---

[113] Por. KDK 19, 43; F. Bargieł, *Niektóre źródła współczesnego ateizmu...*, dz. cyt., s. 496.
[114] Por. KDK 19.
[115] Por. tamże 20; Jan Paweł II, *Problem niewiary oraz ateizmu*, w: Jan Paweł II, *Wierzę w Boga Ojca Stworzyciela...*, dz. cyt., s. 90.
[116] KDK 20.

Kościół stara się dokonać refleksji nad przyczynami negowania Boga. Poważnie podchodzi także do problemów, które podnosi ateizm. Czyni je przedmiotem poważnej i głębokiej analizy[117], aby odpowiedzieć na pytanie, czym jest wiara i co oznacza wierzyć właśnie na tle niewiary i ateizmu, który przybiera niekiedy formę programowej walki z religią, a w szczególności z chrześcijaństwem. W tym kontekście wyraźnie widać, że wiara winna być szczególnie świadoma, wnikliwa i dojrzała, nacechowana głębokim poczuciem odpowiedzialności oraz miłością do wszystkich ludzi. Świadomość trudności, zarzutów i prześladowań winna wyzwalać tym pełniejszą gotowość świadczenia „o tej nadziei, która jest w nas" (por. 1 P 3,15)[118].

Wierzącym chrześcijanom i członkom Kościoła Konstytucja duszpasterska o Kościele w świecie współczesnym stawia wysokie wymagania, gdy chodzi o dojrzałość wiary i jej konsekwencje. „Należy oczekiwać, że lekarstwo na ateizm przyniesie zarówno jasny wykład doktryny, jak i nieskalane życie Kościoła oraz jego członków (...). Uzyskuje się to przede wszystkim przez świadectwo wiary żywej i dojrzałej, to znaczy tak ukształtowanej, aby była zdolna jasno ujrzeć trudności i je przezwyciężyć. Wspaniałe świadectwo tej wiary dawali i dają liczni męczennicy. Wiara ta powinna objawiać swoją płodność przez to, że przenika całe, także świeckie, życie wiernych i skłania ich do sprawiedliwości i miłości, zwłaszcza wobec potrzebujących"[119].

Czym innym jest bowiem system narzucony przeważnie ludziom i światu siłą, podstępem, sugestią itp., a czym innym człowiek, osoba ludzka, przeżywająca swoje problemy, także w sferze wiary. O ile więc człowiek uwikłany w swoje problemy, wątpiący czy podający się za niewierzącego zasługuje na szacunek i

---

[117] Por. tamże 21; L. Balter, *Od wiary do teologii...*, dz. cyt., s. 16; J. Paszyński, *Ateizm jest bardziej racjonalny niż wiara w Boga?*, w: R. Hajduk (red.), *Współczesne herezje*, Olsztyn 2009, s. 22–23.

[118] Por. Jan Paweł II, *Problem niewiary oraz ateizmu*, w: Jan Paweł II, *Wierzę w Boga Ojca Stworzyciela...*, dz. cyt., s. 91.

[119] KDK 21.

poważne do niego podejście, o tyle system wrogi Bogu (antychrześcijańska laickość, ateizm walczący, negujący formalnie Boga) musi być jako taki zdecydowanie potępiony przez Kościół.

Kościół stanowczo i zdecydowanie odrzuca ateizm. Zachęca jednak tak wierzących, jak i niewierzących do właściwego i wspólnego budowania tego świata. Dla wierzących domaga się wolności w ich działaniu, a niewierzących zachęca do poznania Ewangelii Jezusa Chrystusa[120].

Ponadto – co warto zauważyć – w niejednym przypadku osoby podające się lub uchodzące za niewierzące mogą być w głębi serca o wiele bardziej wierzące od tych, które uchodzą za takich (wierzących). Mogą bowiem wierzyć inaczej, niejako „po swojemu", w coś lub kogoś, kto kieruje tym światem, ale przedstawia się ich oczom zgoła inaczej, aniżeli im to sugerują wypowiedzi i czyny osób (formalnie) wierzących. Problem wiary staje się wtedy ich osobistym problemem, ich „sprawą prywatną", ale nigdy nie na tyle, by inni (wierzący) nie mieli prawa (i obowiązku) troszczyć się o ich duchowy rozwój. Bóg nie przestaje być bowiem Ojcem wszystkich swoich dzieci i każdego pragnie złączyć ze sobą więzami wiary[121].

---

[120] Por. KDK 21.

[121] Por. L. Balter, *Od wiary do teologii...*, dz. cyt., s. 16–17.

PRZEKAZ WIARY MISJĄ KOŚCIOŁA

Wiara chrześcijańska to nie tylko doktryna, wiedza, zbiór reguł moralnych, tradycja. Nie polega ona na decyzji etycznej ani na uznaniu jakiejś idei, lecz jest to relacja z Bogiem nawiązana dzięki spotkaniu z Osobą Jezusa Chrystusa[1]. Przekazywać wiarę oznacza tworzyć w każdym miejscu i czasie warunki umożliwiające takie spotkanie między ludźmi i Jezusem Chrystusem. Celem wszelkiej ewangelizacji jest urzeczywistnienie tego spotkania, zarazem wewnętrznego i osobistego, publicznego i wspólnotowego[2].

Posłannictwo Kościoła bierze swój początek z posłannictwa Chrystusa, który został posłany przez Ojca, głosić słowo Boże i dokonać dzieła zbawienia świata. Jezus Chrystus potwierdził to w swoich słowach: „Muszę głosić słowo Boże, ponieważ na to zostałem posłany" (Łk 4,43) oraz: „Duch Pański nade Mną; ponieważ Mnie namaścił, abym głosił Ewangelię ubogim" (Łk 4,18; Iz 61,1)[3]. Jako szczyt i centrum swej Dobrej nowiny, Chrystus zwiastuje zbawienie – wielki dar Boga, który należy uważać nie tylko za uwolnienie od wszystkiego, co człowieka uciska, ale przede wszystkim za wyzwolenie go od grzechu i od Złego, wiążące się z radością, jakiej ktoś doświadcza, gdy poznaje Boga i jest przez Niego poznawany, gdy Boga widzi i w Nim ufnie spoczywa[4]. Działalność ewangelizacyjna Chrystusa obejmuje następujące fakty i czynności: Wcielenie, cuda, nauka, powołanie uczniów, posłanie dwunastu apostołów, krzyż i Zmartwychwstanie[5].

---

[1] DCE 1; por. P. Poupard, *Wiara i kultura. Współczesne wyzwania*, „Społeczeństwo" 5 (2002), s. 544.

[2] Por. Synod Biskupów, XIII Zwyczajne Zgromadzenie Ogólne, *Instrumentum laboris*, nr 18.

[3] Por. EN 6; RMis 23.

[4] Por. EN 9; RMis 23.

[5] Por. EN 6.

Kościół jest w swej istocie „powszechnym sakramentem zbawienia”[6], ponieważ zbawcza wola Boża rozciąga się na wszystkich ludzi[7]. Bóg ustanowił Kościół i włączył go w plan zbawienia[8]. Tę myśl tak ujmuje Dekret soborowy o apostolstwie świeckich: „Kościół powstał po to, by poprzez rozszerzanie królestwa Chrystusa po całej ziemi ku chwale Ojca uczynić wszystkich ludzi uczestnikami zbawczego odkupienia”[9]. Wiara jest niezbędna do tego, by urzeczywistniać znaki obecności królestwa Bożego w świecie.

Zbawcze posłannictwo Kościoła

Zbawcze posłannictwo otrzymane od Ojca Chrystus przekazał apostołom, ci zaś przekazali je Kościołowi, aby w całości je wypełniał pod kierunkiem tych, którzy są z urzędu ich następcami. Konstytucja dogmatyczna o Kościele zaznacza: „Ten uroczysty Chrystusowy nakaz zwiastowania zbawiennej prawdy Kościół otrzymał od Apostołów, aby go wypełniać aż po krańce ziemi (por. Dz 1,8). Stąd też za swoje uznaje słowa Apostoła: «Biada mi bowiem, gdybym nie głosił Ewangelii» (1 Kor 9,16), i dlatego nieustannie rozsyła zwiastunów, dopóki nie powstaną nowe Kościoły i nie zaczną same prowadzić dalej dzieła ewangelizacji. Duch Święty bowiem przynagla do współdziałania, aby skutecznie spełnił się zamysł Boga, który uczynił Chrystusa źródłem zbawienia dla całego świata. Głosząc Ewangelię, Kościół zachęca słuchających do wierzenia i do wyznawania wiary”[10].

Kościół ze swej istoty ma charakter misyjny, ponieważ swymi korzeniami wyrasta on z misji Jezusa Chrystusa oraz posłania Ducha Świętego zgodnie

---

[6] KK 48; por. KDK 45; DM 1; H.U. von Balthasar, *Sobór Ducha Świętego: Apostolska Wizja Kościoła*, w: L. Balter, S. Dusza, F. Mickiewicz (red.), *Duch Odnowiciel*. Kolekcja Communio, t. 12, Poznań 1998, s. 167.

[7] Por. KL 5; DM 7.

[8] Por. RMis 9.

[9] DA 2.

[10] KK 17.

z zamysłem Boga Ojca. Ponadto Kościół jest misyjny, ponieważ jest podmiotem, głosicielem i świadkiem Bożego objawienia[11]. Kościół jest misyjny, gdyż został powołany po to, aby szerząc królestwo Boże na ziemi przez głoszenie ewangelicznego orędzia[12], uczynić wszystkich ludzi uczestnikami zbawczego odkupienia i skierować świat do Chrystusa. Zaangażowanie misyjne Kościoła, czyli podstawowa i zasadnicza jego działalność, jest nastawione na odnowę wiary i życia chrześcijańskiego. Działalność misyjna bowiem odnawia Kościół, wzmacnia wiarę i tożsamość chrześcijańską, daje życiu chrześcijańskiemu nowy entuzjazm i nowe uzasadnienie.

Wiara wzmacnia się, gdy jest przekazywana[13]. Powszechna misja Kościoła rodzi się z wiary w Jezusa Chrystusa. Udział w niej jest oznaką dojrzałości wiary i życia chrześcijańskiego, które przynosi owoce[14]. Tylko w wierze misja znajduje zrozumienie i oparcie[15]. Jest to jedna misja, mająca to samo źródło i cel, chociaż w jej obrębie istnieją różne zadania i działania[16]. Jednym z głównych celów misji jest gromadzenie ludu na słuchanie Ewangelii w braterskiej komunii, na modlitwie i Eucharystii[17]. Celem działalności misyjnej i ewangelizacyjnej Kościoła również dzisiaj jest przekazanie skarbu wiary chrześcijańskiej i strzeżenie depozytu wiary[18].

Istnieją różne formy działalności misyjnej Kościoła. Jedną z nich jest skierowanie się Kościoła ku narodom, grupom ludzi, środowiskom społeczno-kulturowym, w których Chrystus i Jego Ewangelia nie są znane, albo w których

---

[11] Por. KK 2; Synod Biskupów, XIII Zwyczajne Zgromadzenie Ogólne. Nowa Ewangelizacja dla przekazu wiary chrześcijańskiej, „Lineamenta", Rzym 2 II 2011, Libreria Editrice Vaticana 2011, nr 2.

[12] Por. RMis 1; VD 94.

[13] Por. RMis 2; Synod Biskupów, XIII Zwyczajne Zgromadzenie Ogólne, *Instrumentum laboris*, nr 9.

[14] Por. RMis 77.

[15] Por. tamże 4.

[16] Por. tamże 31.

[17] Por. tamże 26.

[18] Por. Jan Paweł II, Konstytucja apostolska *Fidei depositum*, Początek; Synod Biskupów, XIII Zwyczajne Zgromadzenie Ogólne, *Instrumentum laboris*, Przedmowa.

brakuje wspólnot chrześcijańskich wystarczająco dojrzałych, by mogły wcielać wiarę we własne środowisko i głosić ją innym grupom ludzi. To jest w ścisłym sensie misja *ad gentes*[19].

Wspólnoty chrześcijańskie, które posiadają odpowiednie i solidne struktury kościelne oraz mają żarliwą wiarę, promieniują świadectwem dawanym Ewangelii w swym środowisku i czują się zobowiązane do misji powszechnej. W nich prowadzona jest działalność duszpasterska Kościoła, która służy głoszeniu Ewangelii o królestwie Bożym. Wszystko, cokolwiek Kościół czyni, służy ewangelizacji[20].

Istnieje wreszcie sytuacja pośrednia, zwłaszcza w krajach, w których istnieje chrześcijaństwo starej daty, ale czasem również w Kościołach młodych, gdzie całe grupy ochrzczonych utraciły żywy sens wiary albo wprost nie uważają się za członków Kościoła, prowadząc życie dalekie od Chrystusa i Jego Ewangelii. W tym wypadku zachodzi potrzeba „nowej ewangelizacji" albo „re-ewangelizacji"[21].

Papież Paweł VI w Adhortacji apostolskiej o ewangelizacji w świecie współczesnym *Evangelii nuntiandi* wzywa Kościół do głoszenia Ewangelii wszystkim ludziom naszych czasów, pełnym nadziei, ale również często nękanym lękiem i trwogą[22]. W Kościele został złożony depozyt Chrystusowej Dobrej Nowiny, celem głoszenia jej ludziom. Kościół jest dla ewangelizacji, czyli po to, aby głosił i nauczał Słowa Bożego, by zanosił Dobrą Nowinę do wszelkich kręgów rodzaju ludzkiego[23]. Głoszenie ewangelicznego orędzia jest zadaniem i obowiązkiem Kościoła oraz nakazem nałożonym mu przez Pana Jezusa, aby ludzie mogli wierzyć i dostąpić zbawienia. Kościół bierze swój początek

---

[19] Por. DM 6.
[20] Por. R. Hajduk, *Posłani głosić dobrą nowinę. Podstawowy kurs homiletyczny*, Kraków 2007, s. 17.
[21] Por. RMis 33.
[22] Por. EN 1, 14.
[23] Por. EN 15, 18.

z ewangelizacji podejmowanej przez Jezusa wraz z apostołami i powinien ustawicznie prowadzić Jego misję i Jego dzieło ewangelizacji[24]. Całe orędzie ewangeliczne winno być przekazywane w sposób świadomy, wolny, żywy i skuteczny, by w ten sposób mogło przeniknąć serca ludzkie. Głoszenie to jest konieczne i nic go nie może zastąpić. Od niego zależy cała sprawa zbawienia ludzi i w nim zawierają się najpiękniejsze treści boskiego objawienia[25]. Kościół winien całe i nienaruszone dziedzictwo wiary przekazywać dzisiejszym ludziom[26].

Przekaz wiary cechuje się bardzo złożoną dynamiką, która angażuje w sposób zupełny wiarę chrześcijańską i życie Kościoła. Nie można przekazywać tego, w co się nie wierzy i czym się nie żyje. Kościół przekazuje wiarę, którą sam żyje, którą wyznaje i o której daje świadectwo[27]. Przekaz wiary nie dokonuje się jedynie poprzez słowa, lecz wymaga relacji z Bogiem przez modlitwę, która jest wiarą w działaniu[28].

Celem przekazu wiary jest urzeczywistnienie spotkania z Jezusem Chrystusem w Duchu Świętym, aby nawiązać relację z Ojcem Niebieskim i doświadczyć Jego obecności. Przekazywać wiarę oznacza na każdym miejscu stwarzać warunki, aby mogło dojść do spotkania między ludźmi a Jezusem Chrystusem. Wiara jako spotkanie z osobą Jezusa polega na pielęgnowaniu żywego odniesienia do Niego oraz na kształtowaniu w sobie mentalności Chrystusa w łasce Ducha[29]. Wiara w miłość Boga jest podstawową opcją życia chrześcijanina. U początku jego bycia chrześcijaninem jest spotkanie z Osobą, która nadaje życiu nową perspektywę, a tym samym decydujące ukierunkowanie[30].

---

[24] Por. DWR 13; KK 5; DM 1; EN 1, 59.
[25] Por. EN 5.
[26] Por. EN 3–4.
[27] Por. EN 12–13.
[28] Por. EN 14.
[29] Por. Synod Biskupów, XIII Zwyczajne Zgromadzenie Ogólne. Nowa Ewangelizacja dla przekazu wiary chrześcijańskiej, „Lineamenta", nr 11.
[30] Por. DCE 1.

Istnieją również przeszkody w przekazywaniu wiary. Niemal wszędzie są one podobne. Chodzi tutaj o przeszkody wewnętrzne w Kościele, w życiu chrześcijańskim: wiara przeżywana w sposób prywatny i bierny; nieodczuwanie potrzeby pielęgnowania własnej wiary; oddzielenie wiary od życia. Do przeszkód zewnętrznych, które utrudniają życie wiarą i przekaz wiary, zalicza się: konsumpcjonizm i hedonizm; nihilizm kulturowy i zamknięcie na transcendencję[31].

Jan Paweł II w encyklice *Redemptoris missio* stwierdza, że nasze czasy wymagają ożywienia działalności misyjnej Kościoła. Chrześcijanie są przynaglani do odwagi apostolskiej, opartej na ufności pokładanej w Duchu Świętym. W dziejach ludzkości liczne są epokowe przełomy, które pobudzają dynamizm misyjny, a Kościół prowadzony i kierowany przez Ducha Świętego zawsze na nie odpowiadał. Dziś Kościół musi stawić czoło innym wyzwaniom, kierując się ku nowym horyzontom zarówno w pierwszej misji wśród narodów, jak i w nowej ewangelizacji ludów, którym Chrystus był już przepowiadany. Dziś od wszystkich chrześcijan i od Kościoła powszechnego wymaga się tej samej odwagi, jaka pobudzała misjonarzy w przeszłości i tej samej gotowości do słuchania głosu Ducha Świętego[32].

Bóg przez dzieło misyjne i ewangelizacyjne Kościoła realizuje historię zbawienia[33]. Kościół jest sakramentem zbawienia[34] przez to, że jest „sakramentem jedności"[35] w działaniu, „w którym posłuszny nakazowi Chrystusa oraz kierowany łaską i miłością Ducha Świętego uobecnia się on w pełnym wymiarze we wszystkich ludziach i narodach, aby doprowadzić ich do wiary, wolności i pokoju

[31] Por. R. Hajduk, *Przyczyny erozji wiary chrześcijańskiej*, w: P.A. Sokołowski (red.), *Kontrchrześcijaństwo jako kontekst działalności misyjnej w XXI wieku*, dz. cyt.; Synod Biskupów, XIII Zwyczajne Zgromadzenie Ogólne, *Instrumentum laboris*, nr 95.
[32] Por. RMis 30.
[33] Por. tamże 41.
[34] por. DM 5.
[35] KL 26.

Chrystusowego, przez przykład życia i przepowiadanie, sakramenty i pozostałe środki łaski"[36].

Wszyscy więc, którzy stanowią Lud Boży, właśnie z racji posiadanej wiary winni czuć się powołani do współpracy w dziele misyjnym[37]. Tę prawdę tak ujął Sobór Watykański II w Dekrecie o działalności misyjnej Kościoła: „Ponieważ cały Kościół jest misyjny, a dzieło ewangelizacji stanowi podstawowy obowiązek Ludu Bożego, święty Sobór zachęca wszystkich do głębokiej odnowy wewnętrznej, aby mając żywą świadomość własnej odpowiedzialności w zakresie szerzenia Ewangelii, prowadzili dzieło misyjne wśród narodów"[38].

Zaraz dalej sobór podaje uzasadnienie, w którym odnosi się do sakramentów inicjacji chrześcijańskiej (chrzest, bierzmowanie i Eucharystia), które włączają ludzi w życie Jezusa i upodobniają ich do Niego. Wspólnie z Nim mają zadanie przyczyniać się do wzrostu Kościoła, pracując razem na rzecz doprowadzenia go do pełni. To działanie stanie się tym bardziej skuteczne, im żywszą świadomość swojej odpowiedzialności wobec świata będą mieli wierzący w Chrystusa[39]. W ten sposób Kościół staje się „sakramentem, czyli znakiem i narzędziem wewnętrznego zjednoczenia z Bogiem i jedności całego rodzaju ludzkiego"[40] oraz jest zalążkiem jedności, nadziei i zbawienia dla całej ludzkości[41].

Dekret o działalności misyjnej Kościoła przypomina, że cały Kościół z natury swej jest misyjny, ponieważ bierze swój początek według planu Ojca z posłania Syna i Ducha Świętego[42]. Kościół w swojej misji apostolskiej zwraca się do wszystkich ludzi, aby doprowadzić ich do wiary w Jezusa Chrystusa.

---

[36] DM 5.
[37] Por. KK 17.
[38] DM 35.
[39] Por. tamże 36.
[40] KK 1.
[41] Por. tamże 9.
[42] Por. DM 2; H.U. von Balthasar, *Sobór Ducha Świętego...*, dz. cyt., s. 169.

Kościół jako wspólnota ludzi wierzących został ustanowiony przez Jezusa Chrystusa na ziemi. Trwa on od wieków i trwać będzie aż do skończenia świata (por. Mt 28,20). Jako widzialny organizm jest nieustannie podtrzymywany i wzmacniany łaską Chrystusa[43]. Wielkim skarbem, jaki posiada, jest wiara w Jezusa Chrystusa, której fundamentem jest świadectwo apostołów o Chrystusie zmartwychwstałym, docierające w niezmienionej formie aż do naszych czasów.

Ten swój najcenniejszy skarb – wiarę, Kościół ma zadanie przekazać całej społeczności ludzkiej[44]. Wolą Boskiego Mistrza było, aby każdy został zbawiony. Kościół, podejmując i realizując polecenie swego Założyciela, począwszy od apostołów, wychodzi naprzeciw potrzebom ludzi wszystkich czasów[45]. Przekazując wiarę w Jezusa Chrystusa wszystkim narodom, szerzy królestwo Boże po całej ziemi[46]. Posłannictwo to spełnia Kościół wbrew opiniom, że wszystkie religie – każda na swój sposób – prowadzą do zbawienia[47].

W Liście apostolskim *Porta fidei* papież Benedykt XVI podkreśla, że Jezus Chrystus poprzez swą miłość przyciąga do siebie ludzi z każdego pokolenia. W każdym czasie zwołuje on Kościół, powierzając mu głoszenie Ewangelii, z nakazem, który zawsze jest nowy. Z tego względu potrzeba dzisiaj bardziej przekonującego zaangażowania kościelnego na rzecz nowej ewangelizacji, aby na nowo odkryć radość w wierze i odnaleźć entuzjazm w przekazywaniu wiary. Zaangażowanie misyjne wierzących, które nigdy nie może słabnąć, czerpie moc i siłę w codziennym odkrywaniu miłości. Wiara bowiem rośnie, gdy przeżywana jest jako doświadczenie otrzymanej miłości i kiedy jest przekazywana jako doświadczenie łaski i radości. Sprawia ona, że życie wiernych wydaje owoce, ponieważ poszerza serca w nadziei i pozwala na dawanie twórczego świadectwa:

---

[43] Por. KK 8, 18.
[44] Por. KDK 42; H. Fries, *Wiara zakwestionowana*, Warszawa 1975, s. 27; KKK 169.
[45] Por. KDK 58, 91.
[46] Por. KK 5; DM 1.
[47] Por. Kongregacja Nauki Wiary, Deklaracja *Dominus Jesus*, Rzym, 6 VIII 2000, Libreria Editrice Vaticana 2000, nr 22.

otwiera w istocie serca i umysły tych, którzy słuchają, na zaproszenie Pana, aby przylgnęli do Jego słowa, by stali się Jego uczniami[48].

Kościół podmiotem komunikacji wiary

Odkrywana przez Sobór Watykański II droga wzbogacenia wiary prowadzi poprzez stale pogłębiającą się świadomość Kościoła. W Konstytucji dogmatycznej o Kościele odkrywane są drogi wzbogacenia wiary, którymi Lud Boży powinien podążać ku przyszłości. Winien mieć przy tym na względzie to, że sam znalazł się w centrum jednego z artykułów starożytnego Credo: „Wierzę w jeden, święty, katolicki i apostolski Kościół". Jako przedmiot wiary Kościół odnosi się ściśle do istnienia Boga w Trójcy Świętej jedynego oraz do dzieła stworzenia, objawienia i odkupienia.

Kościół jest również podmiotem wiary, gdyż jest wspólnotą jednoczącą ludzi wierzących, udzielających Bogu odpowiedzi na Jego słowo. Kościół jako wspólnotę ludzi łączy i zespala wiara, czyli okazywane Bogu posłuszeństwo względem Jego zbawczej woli. Wspólnota ta, wyrastająca z dialogu z Bogiem, wskazuje na wertykalny wymiar Kościoła.

Wspólnota osób złączonych z Bogiem jest otwarta na wszystkich ludzi. Wiara wyrażona w dialogu z Bogiem pozwala na ukształtowanie się horyzontalnego wymiaru Kościoła, który pojawia się dzięki jego wymiarowi wertykalnemu. Jest to zgodne z wolą Boga, który pragnie, aby „wszyscy ludzie byli zbawieni i doszli do poznania prawdy" (1 Tm 2,4). Świadomość Kościoła, a w konsekwencji i jego działalność musi odpowiadać uniwersalizmowi Bożego planu zbawienia i dzieła odkupienia[49].

---

[48] Por. Benedykt XVI, List apostolski w formie motu proprio *Porta fidei...*, dz. cyt., nr 7.

[49] Por. K. Wojtyła, *U podstaw odnowy...*, dz. cyt., s. 34.

Kościół jako wspólnota wierzących niesie od czasów apostołów poprzez wieki aż po dzisiejszy dzień wiarę w jedynego Boga i w Jego Syna Jezusa Chrystusa oraz przez swoją posługę służy wierze[50], nadając tym samym życiu ludzkiemu właściwy sens i kierunek. Chrystus Pan na początku swej działalności powołał apostołów, aby Mu towarzyszyli i na Jego polecenie głosili światu naukę o zbawieniu (por. Mk 3,13-14)[51]. Odtąd dzielili z Nim swój los i, naśladując Go, wzrastali w wierze w Jego Bóstwo. Chrystus bowiem objawiał się stopniowo swoim uczniom jako Syn Boży. Czynił to poprzez słowa, gdyż uczył, „jak Ten, kto posiada władzę" (Mt 7,29)[52], a także poprzez cuda, które wzbudzały podziw (por. Mk 2,12). Dzięki temu stopniowo rodziło się zaufanie uczniów do Jego Osoby. Najgłębsze przekonanie o Bożym synostwie Chrystusa uzyskali uczniowie, kiedy ujrzeli zmartwychwstałego Pana. Przekonanie, które wtedy stało się ich udziałem, pozwoliło im podjąć misję, jaką odchodzący do Ojca Jezus zlecił im w słowach: „Idźcie więc i nauczajcie wszystkie narody, udzielając im chrztu w imię Ojca i Syna i Ducha Świętego. Uczcie je zachowywać wszystko, co wam przykazałem. A oto ja jestem z wami po wszystkie dni aż do skończenia świata" (Mt 28,19-20).

Chrystus, przekazując uczniom nakaz głoszenia Ewangelii wszystkim ludziom, nadał zaproszeniu do wiary charakter powszechny. Wszyscy ci, którzy przyjmują słowo Boże i zachowują je wiernie, tworzą tym samym społeczność ludzi wierzących. Wiara zatem ma wymiar społeczny, kolektywny, eklezjalny. Nowy Testament obok tekstów o wierze indywidualnej zawiera także fragmenty, które ukazują wiarę w aspekcie wspólnotowym (por. 1 J 5,4; Łk 17,5; 1 Kor 2,5; 2 Kor 1,24; Flp 2,17; 1 Tes 3,2.5-7; Jk 2,1; 1 P 1,7.9.21).

Kościół, posiadając podmiotowość społeczną, może wykonywać akty kolektywne, w tym również akty wiary. Rzeczywistym podmiotem aktu wiary nie

---

[50] Por. Jan Paweł II, *Co to znaczy wierzyć*. Audiencja ogólna 13.03.1985, w: Jan Paweł II, *Wierzę w Boga Ojca Stworzyciela...*, dz. cyt., s. 41.
[51] DM 5.
[52] Por. A. Zuberbier, *Wierzę... Dogmatyka w zarysie*, s. 24.

jest tylko jednostka, ale także Kościół posiadający własną osobowość. Istnienie i trwanie tak rozumianej wiary Kościoła jest dziełem Trójcy Świętej. Ojciec, Syn i Duch Święty są źródłem kościelnej podmiotowości. W używanym określeniu „wiara Kościoła" nie chodzi tylko o ukazanie doktryny wiary katolickiej ani o prostą sumę aktów wiary poszczególnych wiernych. Wiara Kościoła jest bowiem szczególną relacją między Trójosobowym Bogiem a społecznością chrześcijan, realizującą się w osobowym udzielaniu się Boga społeczności osób oraz w osobowym przyjęciu Boga przez tę społeczność[53].

Kościół jest wspólnotą wiernych, która uczestniczy w jednej i tej samej rzeczywistości wiary. Jednostka żyje wiarą wspólnoty, zaś wspólnota ubogaca się wiarą jednostki. Jak wspólnota eklezjalna, tak i osoby wierzące uczestniczą w procesie przyjmowania rzeczywistości wiary i dzielenia się nią. W Kościele i przez Kościół Bóg zaprasza człowieka do wiary. W Kościele i przez Kościół człowiek podejmuje i realizuje zbawczy dialog z Bogiem[54].

Kościół w swoim posłannictwie przekazuje orędzie Boże, które przyjął jako słowo Boże z wiarą[55]. W ten sposób przyczynia się do zbawienia ludzi, gdyż osiąga się je przez wiarę w Chrystusa i Jego łaskę, o której mówi objawienie[56]. Znajomość treści wiary jest istotna, by człowiek mógł wyrazić swą zgodę na udział w dziele zbawienia, tzn. aby rozumem i wolą przyjął to, co przekazuje mu Kościół. Znajomość wiary wprowadza w pełnię tajemnicy zbawczej, objawionej przez Boga. Zgoda oznacza więc, że kiedy się wierzy, w sposób wolny przyjmuje się całą tajemnicę wiary, bo gwarantem jej prawdy jest sam Bóg, który objawia się i pozwala ludziom poznać swą tajemnicę miłości[57].

---

[53] Por. J. Mastej, *Wiara*, dz. cyt., s. 1327.
[54] Por. K. Parzych-Blakiewicz, *Teologia dialogu jako perspektywa myślenia eklezjalnego. Zarys problematyki*, *Filozofia dialogu*, t. 7, Poznań 2009, s. 161–162; J. Mastej, *Wiara*, dz. cyt., s. 1328.
[55] Por. FR 7.
[56] Por. DA 6.
[57] Por. Benedykt XVI, List apostolski w formie motu proprio *Porta fidei...*, dz. cyt., nr 10.

Jedną i zawsze tę samą wiarę musi Kościół głosić i wykładać wciąż od nowa i stale ją pogłębiać. Jest ona bowiem ludziom dana i zadana. Kościół nie może wyznawać i głosić innej wiary niż ta, która została mu przekazana raz na zawsze (por. Jud 3). Dlatego Kościół trwa i wznosi się na fundamencie wiary apostołów (por. Ef 2,20) i na niej opiera swe nauczanie[58]. Kościół czuwa nad tymi, którzy już przyjęli wiarę i którzy często od wielu pokoleń mają związek z Ewangelią. Wiarę chrześcijan stara się on pogłębić, umocnić, żywić i czynić dojrzalszą, żeby stali się jeszcze bardziej wierzącymi[59].

Pierwotne świadectwo apostołów zostało zachowane w pismach z czasów apostolskich, zebranych już bardzo wcześnie w Nowym Testamencie, który jest wypełnieniem Starego Testamentu. Oba tworzą jedno Pismo Święte Starego i Nowego Przymierza. Ono stanowi podstawę wiary uczniów Chrystusa. Nim musi się żywić i kierować całe nauczanie Kościoła[60]. Pismo Święte jest słowem Boga, dlatego że zostało spisane pod natchnieniem Ducha Bożego. Księgi Pisma w sposób pewny, wiernie i bez błędu uczą prawdy, jaka z woli Boga została zapisana w księgach świętych dla naszego zbawienia. Dlatego: „Wszelkie Pismo jest przez Boga natchnione i pożyteczne do nauczania, do przekonywania, do poprawiania, do wychowania w sprawiedliwości – aby człowiek Boży był doskonały, przysposobiony do każdego dobrego czynu" (2 Tm 3,16-17)[61]. Pod natchnieniem Ducha Świętego możemy dotrzeć do istoty prawdy, którą Bóg chce nam przekazać w Biblii. Urzędowi Nauczycielskiemu Kościoła zostało powierzone zadanie autentycznego wyjaśniania Słowa Bożego spisanego bądź przekazanego. W Słowie tym Bóg przychodzi do nas, a my kierujemy się do Niego[62].

---

[58] Por. KO 7–8; Niemiecka Konferencja Biskupów, *Katolicki katechizm dorosłych…*, dz. cyt., s. 45.

[59] Por. EN 54.

[60] Por. Niemiecka Konferencja Biskupów, *Katolicki katechizm dorosłych…*, dz. cyt., s. 45–46.

[61] Por. VD 19.

[62] Por. VD 29–30; VD 32–33.

Zadania biskupów i kapłanów w przekazywaniu wiary

Misja powierzona przez Chrystusa apostołom będzie trwać aż do skończenia świata, ponieważ Ewangelia, którą mają przekazywać, jest dla nich, a tym samym dla całego Kościoła, po wszystkie czasy źródłem życia. Dlatego apostołowie ustanawiali swoich następców, zwanych *episkopoi*, względnie *presbiteroi*, którzy byli stróżami wiary w powierzonych im wspólnotach – gminach. Otrzymali oni to samo posłannictwo, co apostołowie, którego zasadniczym celem było i nadal jest przedłużanie dzieła Chrystusa na ziemi oraz nadawanie mu trwałości poprzez nauczanie i wykonywanie władzy pasterskiej[63]. Są oni również (biskupi) spadkobiercami depozytu wiary (prawd wiary), który otrzymali od uczniów Pańskich. Mają więc obowiązek nie tylko go strzec i zabezpieczać, ale także przekazywać Ludowi Bożemu Nowego Przymierza, by ten wierzył w prawdy objawione przez Boga i tym samym osiągnął zbawienie[64].

By jednak w przekazywaniu tej wiary Chrystus nie był podzielony, na wzór apostołów, którzy byli w jedności z Piotrem, trwają oni również w jedności z jego następcą i tworzą ciało zwane kolegium[65]. Jego głównym zadaniem jest nauczanie w sprawach wiary i obyczajów. Jako Urząd Nauczycielski (papież, biskupi) w sposób autorytatywny podają do wierzenia prawdy wiary katolickiej objawione przez Boga i przekazane w Piśmie Świętym czy też przez Tradycję. Istnienia Urzędu Nauczycielskiego Kościoła domaga się więc sama natura wiary.

Magisterium Kościoła ma zapewnić prawdziwy przekaz wiary[66], która rodzi się ze słuchania, jak uczy św. Paweł (por. Rz 10,17). Dlatego też

---

[63] Por. DB 2, 4; KO 7; KK 20, 22.

[64] Por. DA 6; KO 10; H. Fries, *Wiara zakwestionowana*, Warszawa 1975, s. 93; Ch. Butler, *Teologia Soboru Watykańskiego II*, Paryż 1971, s. 73.

[65] Por. DB 2.

[66] Por. R. Roqueplo, *O trudnościach wiary*, Warszawa 1974, s. 29–30; J. Sieg, *Wiara Kościoła obecnego w świecie*, dz. cyt., s. 58.

Magisterium w sposób szczególny zajmuje się interpretacją Słowa Bożego[67], aby było wiernie przekazywane z pokolenia na pokolenie.

Sobór Watykański II przypomniał, że Magisterium ma obowiązek autentycznego wyjaśniania Słowa Bożego spisanego lub przekazanego[68], w którym ukryta jest taka moc i potęga, że „staje się ono dla Kościoła podstawą i siłą żywotną, a dla dzieci Kościoła umocnieniem wiary, pokarmem duszy, czystym i trwałym źródłem życia duchowego"[69]. Słowo Boże oświeca umysł, umacnia wolę i rozpala serca miłością Boga[70]. Słowo Boże jest fundamentem Kościoła, buduje wspólnotę – Kościół, który nim żyje[71].

Urząd Nauczycielski Kościoła jest odpowiedzialny za wierność przekazu wiary chrześcijańskiej na całym świecie. Od początku chrześcijaństwa widzimy, jak poszczególni biskupi piszą listy do różnych Kościołów. Gromadzący się na synodach i soborach podejmują decyzje dotyczące całego Kościoła. Autorytatywnie czuwają nad właściwym przekazem wiary, która wciąż się rozwija i jest zagrożona przez błędy i odstępstwa. Biskupi na wzór apostołów rozstrzygają wątpliwości w wierze. Wraz z papieżem wyjaśniają Ewangelię, piętnują jej błędne tłumaczenia i w jej świetle rozstrzygają współczesne problemy moralne. Swoją funkcję nauczycielską spełniają przez listy pasterskie, w których poruszają aktualne i ważne kwestie dla życia chrześcijańskiego. W nauczaniu posługują się kapłanami i katechetami, którym powierzają nauczanie prawd wiary, troszcząc się o ich należyte wykształcenie i wspierając ich w działaniu[72].

Papież, który w imię Chrystusa przewodzi Kościołowi na ziemi, naukę Kościoła kieruje do wszystkich wiernych poprzez encykliki lub też w formie przemówień. Może też w formie uroczystej zwanej *ex cathedra* podać prawdziwą

---

[67] Por. KO 10; DE 21.
[68] Por. KO 10; VD 33.
[69] KO 21.
[70] Por KO 23; VD 45.
[71] Por. VD 3, 86.
[72] Por. A. Zuberbier, *Wierzę...*, dz. cyt., s. 272-273.

definicję jakiejś prawdy wiary, zobowiązując wszystkich członków Kościoła do jej wyznawania. Biskup Rzymski korzysta wówczas ze swego przywileju nieomylności w sprawach wiary i obyczajów. Papież jako głowa kolegium biskupiego z tytułu swego urzędu cieszy się bowiem nieomylnością, „gdy jako najwyższy pasterz i nauczyciel wszystkich wiernych, (...) ogłasza definitywnym aktem naukę dotyczącą wiary lub moralności"[73]. Biskupi natomiast nie posiadają tego przywileju nieomylności, kiedy wypowiadają się indywidualnie. Posiadają go wówczas, „gdy nawet będąc rozproszeni po świecie, ale z zachowaniem więzów komunii między sobą i z następcą Piotra, nauczając autentycznie w sprawach wiary i moralności dochodzą wspólnie do przekonania, że jakieś zdanie powinno być definitywnie uznane. A zachodzi to w sposób bardziej oczywisty wtedy, gdy zebrani na soborze powszechnym, są dla całego Kościoła nauczycielami i sędziami w sprawach wiary i moralności i orzeczenia ich należy przyjąć z posłuszeństwem wiary"[74].

Dokumenty Soboru Watykańskiego II rozumieją posługę biskupią jako posługę umacniania wiary. Jest ona w nich przedstawiana w perspektywie chrystocentrycznej, gdyż sobór stwierdza, że w osobach biskupów wśród członków Kościoła obecny jest Jezus Chrystus, Najwyższy Kapłan[75].

Wiara jest przedmiotem, treścią i celem posługi każdego biskupa. Troska o wierne zachowanie i przekaz wiary to doniosły obowiązek, ponieważ wiara jest warunkiem zbawienia wysłużonego ludziom przez Chrystusa[76]. Kapłańska i pasterska funkcja biskupa wyrasta z wiary, tę wiarę pomnaża, umacnia i tą wiarą promieniuje na ludzi i na świat. Biskup uobecnia Chrystusa w swojej diecezji i tę wiarę wyraża w aktach sprawowanego przez siebie kultu liturgicznego. Posługa wiary jest skierowana ku wiernym. Budzi ją, pogłębia, umacnia, ukierunkowuje,

---

[73] KK 25; por. Paweł VI, *Wyznanie wiary Ludu Bożego...*, dz. cyt., s. 433–445.

[74] KK 25; DB 2.

[75] Por. KK 21.

[76] Por. A.L. Szafrański, *Kairologia. Zarys nauki o Kościele w świecie współczesnym*, Lublin 1990, s. 209.

broni przed zagrożeniami. Także wiara biskupa pełniącego posługę znajduje oparcie i wzmocnienie w wierze całego Ludu Bożego diecezji[77]. Wierni mają obowiązek wsłuchiwać się w słowa biskupa, gdyż stale potrzebują potwierdzenia i oczyszczenia wiary[78].

Biskupi spełniają swe posłannictwo, nauczając ze świadomością odpowiedzialności za prawdę Chrystusową. Ich zadaniem jest dawać świadectwo o prawdzie[79]. Dlatego też Konstytucja dogmatyczna o Kościele podkreśla, że „wśród głównych obowiązków biskupów szczególne miejsce zajmuje głoszenie Ewangelii. Biskupi są zwiastunami wiary prowadzącymi nowych uczniów do Chrystusa i autentycznymi, czyli upoważnionymi przez Chrystusa, nauczycielami, którzy powierzonemu sobie ludowi głoszą prawdy wiary, aby w nie uwierzył i stosował je w życiu, i którzy dzięki światłu Ducha Świętego wyjaśniają treść wiary"[80].

Biskupom zostało zlecone zdanie sprawowania pieczy nad Kościołem lokalnym – diecezją. W diecezjach tych są pasterzami owczarni, która została im powierzona[81]. Swoją troską duszpasterską obejmują wiernych, których duchowo zrodzili przez chrzest i naukę (por. 1 Kor 4,15; 1 P 1,23), przy czym troska ta nie ogranicza się do wyżej wymienionych. Jako dobrzy pasterze dający świadectwo prawdy i życia mają szukać także tych, którzy zostali ochrzczeni w Kościele katolickim ale zaprzestali praktykowania sakramentów lub odeszli od wiary (por. Łk 15,4-7)[82].

W swoich diecezjach biskupi są nauczycielami wiary. Jako słudzy Chrystusa i Jego słowa wypełniają to samo zadanie, które Jezus zlecił Piotrowi, aby umacniał wiarę braci (por. Łk 22,32). Dlatego też pasterze diecezji utwierdzają

---

[77] Por. tamże, s. 210.
[78] Por. PG 29.
[79] Por KK 25; FR 6.
[80] KK 25; por. PG 3.
[81] Por. DB 2, 36; KK 20, 27.
[82] Por. KK 28.

wiarę uczniów Chrystusa, ukazują im pełne znaczenie słów Bożych i pozwalają żyć w pewności wiary. „Zachęcają, by wyznawali swoją wiarę, by wszczepiali ją w swoją działalność osobistą jako źródło życia i mocy; by ją przeżywali z prostotą pełną ufności i męstwa, tak by ona kształtowała styl ich życia i dawała świadectwo królestwu Bożemu”[83]. Jako głosiciele i autentyczni świadkowie wiary i Ewangelii są zobligowani do ciągłego przyprowadzania nowych uczniów do Chrystusa, wskazując na Niego słowem i świadectwem własnego życia[84].

Sobór Watykański II poleca biskupom, by wypełniając obowiązek nauczania, nieustannie nawoływali wiernych w mocy Ducha do wiary lub utwierdzali ich w żywej wierze, zapoznawali ich i przedkładali im „całą tajemnicę Chrystusową, czyli te prawdy, których nieznajomość jest nieznajomością Chrystusa”[85]. Biskupi mają wiernych również pouczać i przygotowywać ich do obrony wiary i jej publicznego głoszenia[86]. W nauczaniu biskupów wierni powinni odnajdywać oparcie oraz obronę w sytuacji zagrożenia przez błędne doktryny dotyczące wiary i moralności chrześcijańskiej.

Żywe przepowiadanie Chrystusa i Jego zbawczego dzieła zajmuje centralne miejsce w posłudze biskupa. Głoszenie Chrystusa, Jego życia i zbawczych tajemnic ma na celu ukazanie dróg i sposobów zbawienia i wypełnienia planu Ojca w historii ludzkości i w życiu każdego człowieka. Każde więc wystąpienie ma służyć przepowiadaniu Ewangelii oraz aktualizacji wiary w kontekście ludzkich doświadczeń i potrzeb. Osobiste przekonanie i siła przepowiadania Słowa Bożego jest skutkiem działania Ducha, dzięki któremu zwiastun Ewangelii staje się bezpośrednio sługą wiary[87].

---

[83] Por. KDK 9; Paweł VI, *Pewność wiary.* Audiencja ogólna 27.10.1965, w: Paweł VI, *Trwajcie mocni w wierze...*, dz. cyt., s. 42; Paweł VI, *Pełnia i nienaruszalność wiary.* Audiencja ogólna 14.06.1967, w: Paweł VI, *Trwajcie mocni w wierze...*, dz. cyt., s. 48.

[84] Por. DM 20, 23; KK 25; KDK 76; KL 9.

[85] DB 12.

[86] Por. tamże 13.

[87] Por. A. L. Szafrański, *Kairologia...*, dz. cyt., s. 211.

Dekret o pasterskich zadaniach biskupów w Kościele przypomina: „Do wypełnienia swoich apostolskich zadań biskupi winni się przykładać jako świadkowie Chrystusa wobec wszystkich ludzi, troszcząc się nie tylko o tych, którzy już podążają za Najwyższym Pasterzem, lecz z całego serca winni się poświęcać dla tych, którzy w jakikolwiek sposób oddalili się od drogi prawdy albo nie znają Ewangelii"[88]. Biskup musi więc żyć pełnią tajemnicy wiary, być silnym w wierze i otwartym na potrzeby całego Ludu Bożego. Celem nauczania biskupa jest ukazywanie obecności wszystkich wartości prawdziwie ludzkich w Ewangelii i nauce Kościoła. Uniwersalność posłannictwa i konkretyzacja zadań z niego wynikających w dziedzinie wiary w duchu służby, dzięki wierności, wierze i modlitwie ludu, zapewnia pasterzowi pełną owocność wszystkich jego wysiłków[89].

W wypełnianiu swojej posługi biskupi mają do pomocy kapłanów. Ci zaś, na wzór kolegium biskupów z papieżem na czele, tworzą kolegium zwane kapłańskim, którego zwierzchnikiem jest biskup. Na mocy władzy jurysdykcji i sakramentu kapłaństwa są nie tylko podwładnymi, ale przede wszystkim współpracownikami stanu biskupiego[90]. Wraz z biskupami realizują powierzone im przez Chrystusa apostolskie posłannictwo[91].

Postawa apostolska tych, którzy w Ludzie Bożym są obdarzeni sakramentem kapłaństwa, posiada właściwą sobie specyfikę, której podstaw trzeba szukać w tym właśnie sakramencie: „Dar duchowy, który prezbiterzy otrzymali przez święcenia, przygotowuje ich nie do ograniczonego i zacieśnionego posłannictwa, lecz do najstarszej i powszechnej misji zbawienia «aż po krańce

---

[88] DB 11.
[89] Por. A. L. Szafrański, *Kairologia...*, dz. cyt., s. 211–212.
[90] Por. DB 28; KK 28; DP 2, 4, 12.
[91] Por. DP 2.

ziemi» (Dz 1,8), albowiem każda kapłańska posługa uczestniczy w powszechnym zasięgu posłannictwa powierzonego przez Chrystusa Apostołom"[92].

Dekret soborowy o posłudze i życiu prezbiterów zaznacza, że prezbiterzy w sobie właściwym zakresie mają udział w posługiwaniu apostołów. Z tego względu Bóg udzielił im łaski, by „byli sługami Jezusa Chrystusa wśród ludów, wykonując świętą posługę Ewangelii, aby ofiara ludów została przyjęta i uświęcona w Duchu Świętym" (por. Rz 15,16)[93]. Dzięki ich głoszeniu Ewangelii gromadzi się i umacnia w jedności Lud Boży, złączony wiarą w Jezusa Chrystusa, Zbawiciela świata.

Prezbiterzy są przede wszystkim głosicielami zbawczego orędzia[94], a tym samym nauczycielami wiary[95]. Ich zadaniem jest głosić wszystkim Ewangelię o królestwie Bożym, wzywając każdego człowieka do posłuszeństwa wiary i prowadząc wierzących ku coraz głębszemu poznaniu i uczestniczeniu w tajemnicy Boga, objawionej i przekazanej ludziom w Chrystusie[96].

By przepowiadanie ich było skuteczne, sobór zachęca, aby codziennie czytali i słuchali Słowa Bożego oraz łączyli się z Chrystusem Nauczycielem, przystępując do Niego ze „szczerym sercem i z pełną wiarą" (Hbr 10,22)[97]. Prowadzeni przez Ducha Świętego mają pamiętać, że to „Pan jest Tym, który otwiera serca, i że nie z nich, lecz z mocy Bożej pochodzi przeogromna siła, w samej czynności przekazywania słowa"[98].

Dekret o posłudze i życiu prezbiterów zaznacza, że nie powinny być im obce nie tylko sprawy Boże, ale i ludzkie. Dlatego ich zadaniem jest być sługami Chrystusa oraz świadkami i szafarzami życia Bożego, przy czym, aby byli w stanie

---

[92] DP 10.
[93] Tamże 2.
[94] Por. KDK 43.
[95] Por. DP 13; KKK 169; CT 64.
[96] Por. VD 80.
[97] Por. DP 13, 18, 22.
[98] Tamże 13.

właściwie służyć ludziom, muszą być także doskonale obeznani z warunkami ich życia[99].

Jako duszpasterze pracujący w parafiach są odpowiedzialni za powierzoną im trzodę. Będąc wychowawcami w wierze, powinni troszczyć się o to, „by każdy z wiernych został w Duchu Świętym doprowadzony do rozwoju własnego powołania według zasad Ewangelii, do szczerej i czynnej miłości"[100] oraz do czystszego i dojrzalszego życia w wierze[101]. Szczególną troską winni otoczyć tych, którzy nie korzystają z sakramentów czy wręcz odstąpili od wiary[102].

Sobór nakazuje, że „pasterze mają uznawać i wspierać godność i odpowiedzialność świeckich w Kościele; mają chętnie korzystać z ich roztropnej rady, z ufnością powierzać im zadania w służbie Kościołowi i pozostawiać im swobodę oraz pole działania, a nawet zachęcać ich (...) do współpracy"[103]. Obowiązek prowadzenia do wiary w Kościele Chrystusowym nie dotyczy bowiem tylko i wyłącznie biskupów oraz kapłanów, którzy poprzez sakrament kapłaństwa w sposób szczególny stają się uczestnikami potrójnej misji Chrystusa, lecz również wiernych świeckich, którzy do wypełniania tej samej misji zobowiązani zostali na mocy sakramentu chrztu.

Rola wiernych świeckich w przekazie wiary

W działalności apostolskiej Kościoła, która ma na celu nieść wszystkim ludziom orędzie zbawienia i pomagać tym, którzy je przyjmują, nim żyć[104] oraz

---

[99] Por. DP 3.
[100] Tamże 6; por. DP 5.
[101] Por. KDK 62.
[102] Por. DP 9.
[103] KK 37.
[104] Por. M. Kowalczyk, *Duch Święty w życiu i działalności Ludu Bożego*, w: L. Balter, S. Dusza, F. Mickiewicz (red.), *Duch Odnowiciel...*, dz. cyt., s. 204.

rozkrzewiać i umacniać wiarę, szczególną i niezastąpioną rolę odgrywają wierni świeccy, czyli tzw. laikat. Słowo „laikat" jest nowym słowem, które znalazło się w terminologii soborowej. Odnosi się ono do wszystkich chrześcijan uczestniczących w apostolskiej misji Kościoła[105]. Apostolstwo jest więc istotnym i nieodłącznym przymiotem życia chrześcijańskiego[106].

Konstytucja dogmatyczna o Kościele pojęcie „wierni świeccy" formułuje następująco: „Przez pojęcie świeccy rozumie się tutaj wszystkich wiernych, którzy nie są członkami stanu duchownego i stanu zakonnego prawnie ustanowionego w Kościele. Są to wierni, którzy wcieleni przez chrzest w Chrystusa, ustanowieni jako Lud Boży, stawszy się na swój sposób uczestnikami kapłańskiej, prorockiej i królewskiej misji Chrystusa, sprawują właściwe całemu ludowi chrześcijańskiemu posłannictwo w Kościele i w świecie. Specyficzną właściwością świeckich jest ich świecki charakter"[107].

Charakterystycznym rysem nauczania soborowego o laikacie, który jest współodpowiedzialny za zbawienie świata, jest powołanie ludzi świeckich do apostolstwa[108]. Temu zagadnieniu sobór poświęca w całości jeden ze swoich dekretów, a mianowicie Dekret o apostolstwie świeckich, który podkreśla, że każdy chrześcijan obdarzony jest z natury powołaniem do apostolstwa[109]. Wszyscy ochrzczeni jako wspólnota oraz każdy z osobna na swój sposób są powołani, by słowem i czynem dawać świadectwo wiary (por. Rz 12,3-8; 1 Kor

---

[105] Por. Paweł VI, *Współodpowiedzialność laikatu w misji Kościoła.* Audiencja ogólna 11.08.1971, w: Paweł VI, *Trwajcie mocni w wierze...*, dz. cyt., s. 274.
[106] Por. E. Weron, *Świeccy w Kościele*, Paryż 1970, s. 20; E. Weron, *Laikat i apostolstwo*, Paryż 1973, s. 91.
[107] KK 31; por. ChL 9; W. Przygoda, *Apostolat świeckich w Polsce w czterdzieści lat po Soborze Watykańskim II*, „Teologia Praktyczna" VII (2006), s. 43.
[108] Por. W. Wesoły, *Kapłan i laikat w Kościele*, w: S. Ropiak, M. Tunkiewicz (red.), *Sacerdos alter Chrystus. Kapłan w życiu i posłudze Kościoła na progu trzeciego tysiąclecia*, Olsztyn 2010, s. 381.
[109] Por. DA 2.

12,4-31a)[110]. Z przynależności do Kościoła wynika powszechność obowiązku przekazywania wiary zarówno w sposób indywidualny, jak i zorganizowany[111].

Wierni świeccy urzeczywistniają swoje apostolstwo w Kościele i w imieniu Kościoła[112]. Przynależąc do Ludu Bożego, *christifideles* przez apostolstwo uczestniczą w potrójnej funkcji Chrystusa: kapłańskiej, prorockiej i królewskiej, oraz w realizacji zbawczej misji Kościoła. Do uczestnictwa w misji Kościoła upoważnia ich i uzdalnia przyjęcie sakramentów inicjacji chrześcijańskiej.

Bardzo ważną i doniosłą myślą przewodnią Dekretu *Apostolicam actuositatem* jest jedność apostolstwa Kościoła. Istnieje w nim bowiem różnorodność posługiwania, ale jedność posłannictwa[113]. Zarówno hierarchia, jak i świeccy uczestniczą w jednym apostolstwie Ludu Bożego, chociaż w różny sposób. Nie ma więc ścisłego rozróżnienia i podziału między apostolstwem hierarchii i apostolstwem ludzi świeckich[114].

Dekret soborowy zaznacza, że „apostolstwo dokonuje się w wierze, nadziei i miłości, które Duch Święty rozlewa w sercach wszystkich członków Kościoła"[115]. Co więcej, przykazanie miłości przynagla wszystkich wiernych do zabiegania o chwałę Boga przez przyjęcie Jego królestwa i o życie wieczne dla wszystkich ludzi, by poznali jedynego i prawdziwego Boga oraz tego, którego posłał – Jezusa Chrystusa. Z przykazania miłości płynie więc obowiązek troski o zbawienie wieczne wszystkich ludzi[116].

Wierni świeccy, przyjmując powołanie i obowiązek do apostolstwa, przyczyniają się do szerzenia wiary słowem i uczynkiem oraz do bronienia jej, jak

---

[110] Por. Niemiecka Konferencja Biskupów, *Katolicki katechizm dorosłych...*, dz. cyt., s. 43.

[111] Por. DA 16– 17.

[112] Por. KK 33; ChL 14; RMis 71; W. Przygoda, *Apostolat świeckich w Polsce w czterdzieści lat po Soborze Watykańskim II...*, dz. cyt., s. 46.

[113] Por. DA 2.

[114] Por. tamże 23; E. Weron, *Świeccy w Kościele...*, dz. cyt., s. 20.

[115] DA 3.

[116] Por. E. Weron, *Laikat i apostolstwo...*, dz. cyt., s. 105–106.

przystało prawdziwym świadkom Chrystusowym[117]. Szczególną rolę w ich misji spełnia Duch Święty, który udziela im charyzmatów potrzebnych w działalności apostolskiej[118]. Przyjęcie Bożych charyzmatów nadaje każdemu wierzącemu prawo i obowiązek używania ich w Kościele i w świecie dla dobra ludzi i budowania Kościoła[119].

Chrystus, który został posłany przez Ojca, jest źródłem i początkiem całego apostolstwa w Kościele. Dlatego też „owocność apostolstwa świeckich zależy od ich żywotnego zjednoczenia z Chrystusem"[120]. Kto bowiem trwa w Chrystusie, a On w nim, ten przynosi owoc obfity, gdyż od samego Chrystusa płynie moc potrzebna do działania (por. J 15,5). Tak więc miłość łącząca wierzących z Chrystusem oraz wdzięczność za łaskę chrztu świętego i wiary powinny być motorem apostolskiej działalności świeckich[121].

Według nauczania soboru „zadaniem ludzi świeckich, z tytułu właściwego im powołania, jest szukanie królestwa Bożego przez zajmowanie się sprawami świeckimi i kierowanie nimi po myśli Bożej. Żyją oni w świecie, to znaczy pośród wszystkich razem i poszczególnych spraw i zadań świata, i w zwyczajnych warunkach życia rodzinnego i społecznego, z których utkana jest ich egzystencja. Tam powołuje ich Bóg, aby pełniąc właściwą sobie misję, kierowani duchem ewangelicznym, jak zaczyn, od wewnątrz niejako przyczyniali się do uświęcenia świata"[122], przepajali go duchem chrześcijańskim i byli świadkami Chrystusa[123]. W ten sposób promieniując wiarą, nadzieją i miłością, ukazują innym

---

[117] Por. KK 11; Paweł VI, *Co Kościół robi?* Audiencja ogólna 27.07.1966, w: Paweł VI, *Trwajcie mocni w wierze*, t. 1, dz. cyt., s. 224–225.
[118] Por. E. Weron, *Świeccy w Kościele...*, dz. cyt., s. 21.
[119] Por. DA 3.
[120] Tamże 4; por. RMis 77.
[121] Por. E. Weron, *Laikat i apostolstwo...*, dz. cyt., s. 103.
[122] KK 31; por. KK 34; DA 7.
[123] Por. Paweł VI, *Współodpowiedzialność laikatu w misji Kościoła.* Audiencja ogólna 11.08.1971, w: Paweł VI, *Trwajcie mocni w wierze*, t. 2, dz. cyt., s. 274; J. Krucina, *Wiara a Kościół jako wspólnota*, w: B. Bejze, *W nurcie zagadnień posoborowych*, t. 4, Warszawa 1970, s. 126–128.

Chrystusa[124]. Ludziom, którzy poszukują Boga, wierni świeccy odsłaniają dziedzictwo i bogactwo wiary oraz wskazują im drogę do osiągnięcia „podwojów wiary"[125]. Dlatego też powinni oni odczuwać potrzebę lepszego zrozumienia i przekazywania przyszłym pokoleniom odwiecznej wiary[126].

Misja wiernych świeckich łączy się ściśle ze świadectwem[127]. Wierni świeccy mają obowiązek dawać prawdziwe świadectwo o Chrystusie wobec ludzi i pomagać im dojść do zbawienia[128]. Szczególnym polem ich ewangelicznego oddziaływania na otoczenie jest „dawanie świadectwa o Chrystusie życiem i słowem w rodzinie, w swojej grupie społecznej i kręgach zawodowych, do których należą"[129].

Dekret soborowy zaznacza, że „chrześcijańscy małżonkowie są dla siebie nawzajem, dla swoich dzieci i innych domowników współpracownikami łaski i świadkami wiary. Dla swoich dzieci są oni pierwszymi zwiastunami wiary i wychowawcami, dlatego niech słowem i przykładem przygotowują je do życia chrześcijańskiego i apostolskiego"[130]. Rodzice, działając w służbie przekazywania wiary, są pierwszymi katechetami swoich dzieci. Ożywiani wiarą, która została im przekazana, powinni rozbudzać w swoich dzieciach wrażliwość na orędzie Ewangelii i uświadamiać im rolę budowniczych sprawiedliwości i pokoju. Rodzice i dzieci powinni być złączeni w wierze jak jeden duch i jedno serce (por. Dz 4,32)[131]. Rodzina, przyjmując i głosząc słowo Boże, staje się z każdym dniem bardziej wspólnotą wierzącą i ewangelizującą[132]. Szczególnie zaś w rodzinie

---

[124] Por. KK 31.
[125] Por. Benedykt XVI, List apostolski w formie motu proprio *Porta fidei...*, dz. cyt., nr 7.
[126] Por. tamże, nr 8.
[127] Por. E. Klinger, *Hierarchische Ämter und Laienämter*, w: E. Garhammer (red.), *Ecclesia semper reformanda. Kirchenreform als bleibende Aufgabe*, Würzburg 2006, s. 181.
[128] Por. DM 12.
[129] DM 21.
[130] DA 11; por. A. Zuberbier, *Wierzę...*, dz. cyt., s. 262; E. Weron, *Laikat i apostolstwo...*, dz. cyt., s. 197–198.
[131] Por. FC 50.
[132] Por. tamże 51.

chrześcijańskiej, ubogaconej łaską i obowiązkami sakramentu małżeństwa, należy już od najwcześniejszego wieku pomagać dzieciom zgodnie z wiarą otrzymaną na chrzcie poznawać i czcić Boga. Rodzice winni od początku uczyć dzieci rozmawiać z Bogiem, który jest kochającym i opiekuńczym Ojcem[133].

W działalności apostolskiej mają również swój udział młodzi. Są oni bowiem w miarę swych sił prawdziwymi świadkami Chrystusa wśród rówieśników. Według wskazań soboru „oni właśnie powinni stać się pierwszymi i bezpośrednimi apostołami młodzieży, pełniąc apostolstwo wśród niej, także przez osobiste świadectwo, uwzględniając środowisko społeczne, w którym żyją"[134]. Dorośli powinni pobudzać młodzież do apostolstwa najpierw własnym przykładem, a przy dogodnej okazji roztropną radą i skuteczną pomocą[135].

Apostolstwo wiernych świeckich w środowisku społecznym według dekretu soborowego polega na kształtowaniu w duchu chrześcijańskim sposobu myślenia i obyczajów, praw oraz ustroju własnej społeczności. W środowisku pracy czy zawodu, studiów czy miejsca zamieszkania, rozrywki czy spotkań towarzyskich wierni świeccy uzupełniają świadectwo życia świadectwem słowa i wspomagają w wierze swoich braci[136]. Przez taką postawę pociągają innych do umiłowania prawdy i dobra, a wreszcie do Chrystusa i Kościoła[137]. „Przez miłość braterską, dzięki której uczestnicząc w warunkach życia, trudach, pragnieniach swoich braci, powoli i niepostrzeżenie przygotowują serca wszystkich na działanie zbawczej łaski"[138]. Przez ich chrześcijański sposób postępowania zgodnie z duchem Ewangelii przenikają powoli środowisko, w którym żyją i pracują[139].

---

[133] Por. Z. Kubik, *Rola rodziców w wychowaniu religijnym dziecka w świetle wybranych dokumentów Kościoła*, za: http://www.sp2.rabka.pl/publikacje/siostra/rolarodz.doc.
[134] DA 12.
[135] Por. DA 12.
[136] Por DA 13.
[137] Por. R. Hajduk, *Wierni świeccy w ewangelizacji kultury. Zasady i pola działania*, „Studia Elbląskie" XIII (2012), s. 237–241.
[138] DA 13.
[139] Por. DA 13.

Świadectwo wiernych świeckich jest przekazaniem orędzia chrześcijańskiego. Ten przekaz dokonuje się np. przez słowo, przez czyny, przez codzienne życie, przez ofiarę poniesioną dla prawdy. Takie świadectwo jest owocem łączności z Chrystusem, trwania przy Jego słowie i życia w Jego łasce[140]. Jego celem jest wzbudzenie wiary, gdyż każdy świadek jest przekaźnikiem wiary[141]. Świadectwo chrześcijanina służy prawdzie, którą Chrystus objawił światu, i przekazuje ono dalej to zbawienne dziedzictwo. Chrześcijanin jest świadkiem tego, czego naucza Kościół, tego, co Duch Święty każe mu przyjąć oraz czego może doświadczyć i przeżywać. Dlatego też wyróżnić można świadectwo własnego życia, świadectwo wiary czy nawet świadectwo Ewangelii[142].

Być świadkiem Chrystusa to wielkie powołanie chrześcijanina[143]. Troską wiernych świeckich powinno być przepowiadanie Jezusa Chrystusa i radosne głoszenie dobrej nowiny o zbawieniu wszystkim ludziom. W ten sposób przenikają oni społeczeństwo ludzkie i przemieniają je duchem Ewangelii[144].

Apostolat wiernych świeckich dotyczący przekazu wiary sięga swymi korzeniami chrztu świętego i bierzmowania. Każdy, kto został przez chrzest wszczepiony w Ciało Mistyczne Chrystusa, a przez bierzmowanie umocniony mocą Ducha Świętego, z woli Zbawiciela jest przeznaczony do apostolstwa[145]. Poprzez chrzest święty ludzie zostają włączeni w Kościół Chrystusowy, a za jego

---

[140] Por. Paweł VI, *Znaczenie i wartość świadectwa.* Audiencja ogólna 10.01.1968, w: Paweł VI, *Trwajcie mocni w wierze*, t. 2, dz. cyt., s. 394.

[141] Por. KK 10; DM 21.

[142] Por. VD 98.

[143] Por. Paweł VI, *Znaczenie i wartość świadectwa.* Audiencja ogólna 10.01.1968, w: Paweł VI, *Trwajcie mocni w wierze*, t. 2, dz. cyt., s. 396.

[144] Por. Paweł VI, *Trzy wymiary laikatu.* Przemówienie do członków Komisji ds. Laikatu 20.03.1970, w: Paweł VI, *Trwajcie mocni w wierze*, t. 2, dz. cyt., s. 282.

[145] Por. DA 3.

pośrednictwem otrzymują dar wiary od Boga[146]. Dzięki otrzymanej wierze mają możliwość być świadkami i wyznawcami Chrystusa[147].

Wiara chrześcijanina powinna nie tylko rozwijać się w głębi ludzkiego serca, ale też przejawiać się na zewnątrz; winna ona stać się wiarą przykładną i inspirującą innych do nawrócenia. Życie prawdziwie chrześcijańskie jest pierwszym i zasadniczym świadectwem, jakie chrześcijanin – z jak największą świadomością oraz w sposób bardzo zdecydowany – powinien dawać[148]. Świadczyć o Chrystusie swoim życiem, to znaczy przede wszystkim w pełni i mocno trwać przy Jego słowie i Jego Kościele, a to domaga się mocnej wiary. Świadectwo wymaga zdecydowanego opowiedzenia się za Chrystusem. Po sposobie życia powinno się rozpoznać, że ktoś jest chrześcijaninem. Taki rodzaj apostolskiego przykładu dostępny jest dla wszystkich.

W sakramencie bierzmowania chrześcijanie zostają umocnieni Duchem Świętym i stają się dojrzałymi i odpowiedzialnymi za życie wiary – swoje i innych. Jako wyznawcy Chrystusa mają obowiązek otrzymany depozyt wiary zachowywać i zgłębiać. Dzięki asystencji Ducha Świętego, którą się cieszą, mogą głębiej wniknąć i lepiej zrozumieć treść objawienia[149]. W ten sposób, poznając objawienie i karmiąc się Słowem Bożym[150] oraz przyjmując sakramenty święte[151], mogą odkrywać i poznawać coraz bardziej sens swojego chrześcijańskiego życia, a także swoją rolę i obowiązki płynące z przynależności do Kościoła.

Na skutek wszczepienia w Chrystusa i dzięki przynależności do Ludu Bożego świeccy na sposób sobie właściwy uczestniczą w kapłańskim, proroczym

---

[146] Por. DM 21; KK 11; J. Sieg, *Wiara Kościoła obecnego w świecie*, dz. cyt., s. 57; B. Brzuszek, *Apostolskie funkcje wiernych*, w: *Powołanie do apostolstwa*, pr. zbior., Warszawa – Poznań 1975, s. 318–319.

[147] Por. DE 21–22.

[148] Por. Paweł VI, *Obowiązek dawania świadectwa swojej wierze.* Audiencja ogólna 14.12.1966, w: Paweł VI, *Trwajcie mocni w wierze...*, dz. cyt., s. 72.

[149] Por. KK 12; B. Brzuszek, *Apostolskie funkcje wiernych...*, dz. cyt., s. 310–311.

[150] Por. KK 5; DE 23.

[151] Por. KDK 38.

i królewskim urzędzie Chrystusa. Mają oni swój udział w posłannictwie całego Ludu Bożego w Kościele i w świecie[152]. Chodzi tu o uczestnictwo w potrójnym urzędzie i zadaniu: sprawowania kultu wewnętrznego i zewnętrznego, nauczania oraz dawania świadectwa o Chrystusie. Przez swoje apostolskie zaangażowanie szerzą Ewangelię oraz uświęcają ludzi i przepajają duchem ewangelicznym porządek spraw doczesnych, tak że ich wysiłek w tej dziedzinie staje się świadectwem o Chrystusie i posługą dla zbawienia świata[153].

Dzięki pełnieniu przez ludzi świeckich funkcji prorockiej Kościół nawiązuje zbawczy dialog z tymi, którzy nie znają Chrystusa. Jest to okazja, by obok świadectwa życia dawać także świadectwo słowa[154]. Dotyczy to sytuacji, kiedy milczenie byłoby równoznaczne z zaparciem się wiary oraz gdy otwarte głoszenie Ewangelii służy sprawie wiecznego zbawienia bliźnich[155].

Jako świadkowie słowa mogą uczestniczyć w autorytatywnym nauczaniu hierarchii. Mogą również otrzymać misję kanoniczną jako profesorowie, katecheci itp. Mogą być także powołani do udziału w soborach, synodach, przy czym ich rola polega na udzielaniu informacji i rady. Mogą również przekazywać wiarę jako pisarze, badacze naukowi i publicyści, a nawet napominać, głosząc konferencje duchowe. Wierni świeccy mogą również przekazywać orędzie ewangeliczne przez mass media, a zwłaszcza przez internet, gdzie oblicze Chrystusa powinno także być widoczne, a Jego głos słyszalny[156].

Benedykt XVI w posynodalnej Adhortacji apostolskiej *Verbum Domini* wzywał wiernych świeckich do jeszcze większej aktywności na rzecz nowej ewangelizacji i poświęcenia dla niej wszystkich sił. Były papież stwierdzał,

---

[152] Por. W. Przygoda, *Apostolat świeckich w Polsce w czterdzieści lat po Soborze Watykańskim II...*, dz. cyt., s. 43.
[153] Por. DA 2.
[154] Por. tamże 16; VD 98.
[155] Por. KK 35; W. Przygoda, *Apostolat świeckich w Polsce w czterdzieści lat po Soborze Watykańskim II...*, dz. cyt., s. 46.
[156] Por. VD 113.

że potrzeba wciąż nowych i gorliwych zwiastunów i świadków Ewangelii[157]. Orędzie ewangeliczne powinno być zaniesione do tych, którzy oddalili się od Kościoła, porzucili wiarę, albo nigdy nie słyszeli orędzia zbawienia[158].

Świadectwo wierze poprzez słowo dają oni też wówczas, gdy składają uroczyście wyznanie wiary podczas liturgii mszalnej i otwarcie przyznają się do Jezusa w życiu prywatnym (zwłaszcza w rodzinie), społecznym i zawodowym. Wierni powinni dawać świadectwo wierze w każdym miejscu i w każdym czasie wobec wszystkich ludzi[159], gdyż każdy wierzący ma obowiązek osobistego świadczenia o Chrystusie we wszystkich warunkach i stanach życia[160]. Najwyższą formą dawania świadectwa wiary i przynależności do Chrystusa jest męczeństwo, czyli oddanie swojego życia z miłości ku Chrystusowi, jak przypominał o tym Benedykt XVI w Liście apostolskim *Porta fidei*[161].

Aby apostolstwo świeckich było skuteczne, potrzebuje wielostronnego i pełnego przygotowania[162]. Przygotowanie duchowe wiernych świeckich do pełnienia posłannictwa Chrystusa i Kościoła polega na przeżywaniu przez nich w wierze i pod natchnieniem Ducha Świętego boskiej tajemnicy stworzenia i odkupienia. Żywa wiara pozwala ludziom świeckim bardziej świadomie na uświęcającą współpracę z Bogiem. Wiara ta ma być siłą dynamiczną czerpiącą swoją moc „przez Ducha Świętego ożywiającego Lud Boży, który skłania wszystkich ludzi do miłowania Boga Ojca, a w Nim świata i ludzi"[163]. Oprócz przygotowania duchowego w niektórych sytuacjach potrzebne jest również odpowiednie przygotowanie doktrynalne z teologii, etyki i filozofii[164].

---

157 Por. VD 122.
158 Por. tamże 124.
159 Por. B. Brzuszek, *Apostolskie funkcje wiernych...*, dz. cyt., s. 312–313; A. Zuberbier, *Wierzę...*, dz. cyt., s. 266.
160 Por. DA 2; E. Weron, *Świeccy w Kościele...*, dz. cyt., s. 20.
161 Por. Benedykt XVI, List apostolski w formie motu proprio *Porta fidei...*, dz. cyt., nr 4.
162 Por. DA 28.
163 Tamże 29.
164 Por. DA 29.

Przygotowanie do apostolstwa dzieci i młodzieży dokonuje się w rodzinie w ramach wychowywania. Rodzice mają obowiązek pomagać dzieciom, by poznały miłość Boga ku ludziom i troskę ich rodziców o potrzeby bliźnich. Cała rodzina i jej wspólne życie powinny się stać praktyczną szkołą apostolstwa[165].

Chrześcijanie uczestniczą również w funkcji kapłańskiej Chrystusa, a to oznacza, że oddają cześć Bogu przez przyjmowanie sakramentów i składanie na co dzień swojego życia w ofierze. Przystępowanie do sakramentów nie tylko zakłada wiarę. Sakramenty bowiem również ją podtrzymują, umacniają i wyrażają. W nich Bóg udziela ludziom łaski, a samo ich sprawowanie najlepiej usposabia wiernych do owocnego jej przyjmowania, a także „do właściwego oddawania czci Bogu i do pełnienia dzieł miłości"[166].

Wierni świeccy, uczestnicząc w kapłaństwie Chrystusa poprzez sakramenty Kościoła, dążą do świętości, budują Mistyczne Ciało Chrystusa oraz oddają cześć Bogu. Przez chrzest zobowiązani są do wyznawania wiary przed ludźmi, którą otrzymali od Boga za pośrednictwem Kościoła. Przez sakrament bierzmowania wiążą się jeszcze doskonalej z Kościołem i obdarzani są szczególną mocą Ducha Świętego; w ten sposób jeszcze bardziej są zobowiązani, jako prawdziwi świadkowie Chrystusa, do szerzenia wiary słowem i uczynkiem oraz do jej obrony. Uczestnicząc w Ofierze Eucharystycznej, w źródle i zarazem szczycie całego życia chrześcijańskiego, składają Bogu Żertwę ofiarną, a wraz z nią samych siebie. Przez sakrament pokuty otrzymują od miłosierdzia Bożego przebaczenie zniewagi wyrządzonej Bogu i dostępują pojednania z Kościołem, któremu przez grzech zadali ranę. Małżonkowie chrześcijańscy przez sakrament małżeństwa wspierają się wzajemnie w życiu małżeńskim oraz w przyjęciu i wychowaniu potomstwa, celem zdobycia świętości[167].

---

[165] Por. tamże 30.
[166] KL 59.
[167] Por. KK 11.

Wiara chrześcijańska winna być przekazywana przez liturgię, katechizację i działalność charytatywną. Przekazywana wiara musi być wyznawana, sprawowana, przeżywana i przemodlona[168]. Jednocząc się z Chrystusem, Najwyższym Kapłanem, wierni zostają uzdolnieni do takiego życia, aby stało się ono miłą Bogu duchową ofiarą, a zatem świadectwem wiary, która na wzór Syna Bożego staje się posłuszeństwem wobec woli Ojca Niebieskiego[169].

Z tytułu swej przynależności do Chrystusa, Pana i Króla wszechświata, świeccy uczestniczą także w Jego urzędzie królewskim i są przez Niego wezwani do służenia królestwu Bożemu i do jego rozszerzania w świecie. Chrześcijańska królewskość polega na duchowej walce, mającej na celu pokonanie w sobie panowania grzechu. Katolicy świeccy są wezwani także do tego, aby miłością i służbą przywracać stworzeniu jego pierwotną wartość, a ludzką kulturę przepajać wartościami chrześcijańskimi[170]. Świadectwo Chrystusa zobowiązuje katolików do zaangażowania się w budowę cywilizacji miłości. Przez modlitwę, styl życia, braterskie upomnienie, posługę charytatywną katolicy prowadzą innych do łączności z Chrystusem w Kościele, a więc do wiary. Świadectwo miłości i braterstwa stanowi ważny wymiar apostolstwa świeckich, ponieważ jest formą przepajania duchem chrześcijańskim porządku doczesnego[171].

Sobór Watykański II oraz posoborowe nauczanie Kościoła daje gruntowną odpowiedź na pytanie, co to znaczy być wierzącym, być chrześcijaninem w Kościele i świecie współczesnym? Nie tylko kreśli zewnętrzny plan odnowy Kościoła oparty na nowych strukturach, ale prezentuje wizję autentycznego życia wiarą.

By móc przekazywać wiarę, którą otrzymuje się jako dar Boga na chrzcie świętym, trzeba najpierw żyć wiarą. Życie płynące z wiary jest autentycznym

[168] Por. Synod Biskupów, XIII Zwyczajne Zgromadzenie Ogólne, *Instrumentum laboris*, nr 17.
[169] Por. KK 34; ChL 14.
[170] Por. R. Hajduk, *Wierni świeccy w ewangelizacji kultury...*, dz. cyt., s. 233–236.
[171] Por. DA 2; ChL 14.

i wiarygodnym świadectwem obecności Boga wśród ludzi, które najbardziej może przekonać innych o Jego istnieniu i pociągnąć ich na drogę wiary, a tym samym do życia w łączności z Bogiem.

Przekaz wiary dokonuje się przez głoszenie Słowa Bożego, które jest mocą do zbawienia, i które otwiera ludziom drogę do Boga i do wiary, a także przez przykład własnego życia opartego na Ewangelii i wypływającego zwłaszcza z przykazania miłości Boga i bliźniego oraz przez pełnienie dobrych uczynków, by ludzie mogli chwalić Boga, który jest w niebie. Bardzo ważna w przekazie wiary jest modlitwa, która przygotowuje Bogu drogę do ludzkich serc i która dokonuje ich przemiany oraz pociąga do Źródła życia, którym jest Bóg.

Jest to więc jedno z ważnych zadań Kościoła we współczesnym świecie. Dlatego wszyscy, którzy zostali włączeni do Kościoła przez sakrament chrztu świętego, są odpowiedzialni tak za rozwój własnej wiary, jak i za jej przekazanie innym ludziom, by i oni doszli do poznania Boga i Mu uwierzyli.

ZAKOŃCZENIE

Pismo Święte, jak również sobory powszechne, a zwłaszcza Sobór Watykański II, przekazują światu najważniejszą dla nich prawdę: że Bóg pragnie obdarzyć zbawieniem wszystkich ludzi. Jego wolą jest doprowadzenie w Chrystusie każdego człowieka do pełni życia. Bezcennym Bożym darem, który umożliwia wejście w nadprzyrodzoną rzeczywistość Trójcy Świętej i w Kościół – sakrament zbawienia, jest wiara. Aby móc uczestniczyć w Bożym życiu, trzeba przyjąć z wiarą Boże zaproszenie do życia w relacji z Bogiem i udziału we wspólnocie zbawionych. Potrzebna jest do tego łaska wiary, którą człowiek otrzymuje przez działanie Ducha Świętego.

Apostołowie Chrystusa, podobnie jak wszyscy późniejsi wyznawcy radosnej nowiny o Bożym zbawieniu, dochodzili do pełnej wiary stopniowo. Byli w niej sukcesywnie umacniani poprzez uczestnictwo w zbawczym dziele Jezusa Chrystusa, a także poprzez wierne wypełnianie Jego nakazów. Decydującym momentem w ugruntowaniu cnoty wiary było dla nich spotkanie ze zmartwychwstałym Panem, którego odtąd nieustraszenie głosili wszystkim narodom.

Następcy Apostołów – biskupi i kapłani kontynuują dzieło zbawcze Chrystusa. Umacniają królestwo Boże poprzez nauczanie i wykonywanie władzy pasterskiej. Prowadzą ludzi do wiary, ukazując im bogactwo objawionej w Chrystusie Bożej prawdy. Apostolat związany z przekazem wiary dotyczy także wiernych świeckich, którzy żyjąc otrzymaną i pogłębioną wiarą, dają o niej świadectwo wobec świata i pociągają innych do Chrystusa.

Aby wiara mogła być prawdziwie żywą i dynamiczną musi się wpierw dokonać w człowieku osobisty wybór i opowiedzenie się za Chrystusem. Dzięki współpracy z łaską Bożą chrześcijanin może dojść do podjęcia takiej decyzji, której konsekwencją jest życie prawdziwie ewangeliczne. Przeciwna postawa –

odrzucenie wiary – jest zerwaniem łączności z Bogiem i realizacją życia bez Niego.

Analizując problem wiary w dokumentach soborowych, można zauważyć, że powiązany on jest z wielorakimi zjawiskami i uwarunkowaniami występującymi we współczesnym świecie. Ponieważ powyższe zagadnienie dotyczy osobistego stosunku do Boga, który nie zawsze jest właściwy, a ponadto swoimi ostatecznymi konsekwencjami sięga wiecznego zbawienia bądź potępienia człowieka, zachodzi potrzeba nieustannej refleksji i systematycznego zgłębiania tego zagadnienia. Niniejsza pozycja stara się przypomnieć nauczanie Soboru Watykańskiego II i Kościoła posoborowego o doniosłości wiary w życiu człowieka i potrzebie przyjęcia Bożego daru zbawienia.

Idąc za głosem ostatniego Soboru, trzeba podkreślić, że wiarę jako dar Boga można otrzymać w Kościele. Ów dar domaga się osobistej odpowiedzi ze strony człowieka, od czego zależy dalszy rozwój jego życia chrześcijańskiego. Kościół staje wciąż na nowo przed poważnym i odpowiedzialnym zadaniem przekazywania i umacniania wiary w Chrystusa we wszystkich zakątkach świata, a dzisiaj zwłaszcza tam, gdzie nawet ochrzczeni żyją tak, jakby Bóg nie istniał. Wydaje się to kwestią bardzo ważną, skoro Benedykt XVI ogłosił w Kościele powszechnym rok 2012–2013 Rokiem Wiary.

Ważną sprawą dla życia Kościoła jest właściwe odczytanie nauki ostatniego soboru i wierne wprowadzanie jej w życie. Sobór – wyjaśniał Benedykt XVI w przemówieniu na rozpoczęcie Roku Wiary – nie wymyślił nic nowego jako przedmiotu wiary, ani też nie chciał zastępować tego, co stare. Raczej troszczył się o to, aby ta sama wiara nadal była przeżywana w dniu dzisiejszym, nadal była wiarą żywą w zmieniającym się świecie. Były papież podkreślił, że ojcowie soborowi chcieli przedstawić wiarę na nowo w sposób skuteczny i z ufnością otworzyli się na dialog ze współczesnym światem[1].

Odnowa wiary musi być zatem priorytetowym zadaniem całego Kościoła w obecnych czasach. Wydaje się, iż szczególnie istotną rzeczą jest dokonanie w Kościele odnowy wewnętrznej, aby wierzący umocnieni Chrystusową prawdą stali się dla świata czytelnym znakiem obecności Chrystusa zmartwychwstałego pośród ludzi. W tym winien pomóc chrześcijanom Rok Wiary, który został ogłoszony, aby dzięki serdecznej współpracy wszystkich członków Kościoła Bóg na nowo stał się obecny w tym świecie, a ludzie mogli dojść do wiary, czyli do zawierzenia się Bogu, który w swoim Synu do końca ich umiłował (por. J 13,1)[2].

---

[1] Por. Benedykt XVI, *Pielgrzymka na pustyniach współczesnego świata*. Homilia wygłoszona podczas Mszy św. na rozpoczęcie Roku Wiary 11.10.2012, OsRomPol. rok XXXIII, nr 11 (347), listopad 2012, s. 8–10.

[2] Por. Benedykt XVI, Przemówienie do uczestników zgromadzenia plenarnego Kongregacji Nauki Wiary 27.01.2012, za: http://www.opoka.org.pl/biblioteka/W/WP/benedykt xvi/przemowienie/kdwiary27012012.html (dostęp: 28.05.2012).

BIBLIOGRAFIA

I. ŹRÓDŁA

A. Dokumenty Soboru Watykańskiego II

Deklaracja o wolności religijnej *Dignitatis humanae*, Rzym, 7 XII 1965, w: Sobór Watykański II, *Konstytucje, Dekrety, Deklaracje*, Wydawnictwo Pallottinum, Poznań 2002, s. 410–421.

Deklaracja o wychowaniu chrześcijańskim *Gravissimum educationis*, Rzym, 28 X 1965, w: Sobór Watykański II, *Konstytucje, Dekrety, Deklaracje*, Wydawnictwo Pallottinum, Poznań 2002, s. 314–324.

Deklaracja o stosunku Kościoła do religii niechrześcijańskich *Nostra aetate*, Rzym, 28 X 1965, w: Sobór Watykański II, *Konstytucje, Dekrety, Deklaracje*, Wydawnictwo Pallottinum, Poznań 2002, s. 333–337.

Dekret o apostolstwie świeckich *Apostolicam actuositatem*, Rzym, 18 XI 1965, w: Sobór Watykański II, *Konstytucje, Dekrety, Deklaracje*, Wydawnictwo Pallottinum, Poznań 2002, s. 377–401.

Dekret o działalności misyjnej Kościoła *Ad gentes*, Rzym, 7 XII 1965, w: Sobór Watykański II, *Konstytucje, Dekrety, Deklaracje*, Wydawnictwo Pallottinum, Poznań 2002, s. 433–471.

Dekret o ekumenizmie *Unitatis redintegratio*, Rzym, 21 XI 1964, w: Sobór Watykański II, *Konstytucje, Dekrety, Deklaracje*, Wydawnictwo Pallottinum, Poznań 2002, s. 193–208.

Dekret o pasterskich zadaniach biskupów w Kościele *Christus Dominus*, Rzym, 28 X 1965, w: Sobór Watykański II, *Konstytucje, Dekrety, Deklaracje*, Wydawnictwo Pallottinum, Poznań 2002, s. 236–258.

Dekret o posłudze i życiu prezbiterów *Presbyterorum ordinis*, Rzym, 7 XII 1965, w: Sobór Watykański II, *Konstytucje, Dekrety, Deklaracje*, Wydawnictwo Pallottinum, Poznań 2002, s. 478–508.

Konstytucja dogmatyczna o Kościele *Lumen gentium*, Rzym, 21 XI 1964, w: Sobór Watykański II, *Konstytucje, Dekrety, Deklaracje*, Wydawnictwo Pallottinum, Poznań 2002, s. 104–166.

Konstytucja o liturgii świętej *Sacrosanctum Concilium*, Rzym, 4 XII 1963, w: Sobór Watykański II, *Konstytucje, Dekrety, Deklaracje*, Wydawnictwo Pallottinum, Poznań 2002, s. 48–78.

Konstytucja dogmatyczna o Objawieniu Bożym *Dei verbum*, Rzym, 18 XI 1965, w: Sobór Watykański II, *Konstytucje, Dekrety, Deklaracje*, Wydawnictwo Pallottinum, Poznań 2002, s. 350–362.

Konstytucja duszpasterska o Kościele w świecie współczesnym *Gaudium et spes*, Rzym, 5 XII 1965, w: Sobór Watykański II, *Konstytucje, Dekrety, Deklaracje*, Wydawnictwo Pallottinum, Poznań 2002, s. 526–606.

B. Inne dokumenty

Paweł VI, Encyklika o drogach, którymi Kościół katolicki powinien kroczyć w dobie obecnej przy pełnieniu misji *Ecclesiam suam*, Rzym, 6 VIII 1964, w: Jan XXIII, Paweł VI, Jan Paweł II, *Encykliki*, Instytut Wydawniczy PAX, Warszawa 1981, s. 159–225.

Paweł VI, Wyznanie wiary Ludu Bożego (30 VI 1968), AAS 60 (1968), s. 433–445.

Paweł VI, Adhortacja apostolska o ewangelizacji w dzisiejszym świecie *Evangelii nuntiandi*, Rzym, 8 XII 1975, w: Jan XXIII, Paweł VI, Jan Paweł II, *Encykliki*, Instytut Wydawniczy PAX, Warszawa 1981, s. 180–218.

Jan Paweł II, Adhortacja apostolska o katechizacji w naszych czasach *Catechesi tradendae*, Rzym, 16 X 1979, w: *Adhortacje Ojca Świętego Jana Pawła II*, t. 1, Wydawnictwo Św. Stanisława BM Archidiecezji Krakowskiej, Wydawnictwo M, Kraków 1996, s. 1–64.

Jan Paweł II, Adhortacja apostolska o zadaniach rodziny chrześcijańskiej w świecie współczesnym *Familiaris consortio*, Rzym, 22 XI 1981, w: T. Styczeń (red.), *Jan Paweł II, „Familiaris consortio". Tekst i komentarze*, Redakcja Wydawnictw Katolickiego Uniwersytetu Lubelskiego, Lublin 1987, s. 5–97.

Jan Paweł II, Encyklika o Duchu Świętym w życiu Kościoła i świata *Dominum et vivificantem*, Rzym, 18 V 1986, w: A. Szafrański (red.), *Jan Paweł II, „Dominum et vivificantem". Tekst i komentarze*, Redakcja Wydawnictw Katolickiego Uniwersytetu Lubelskiego, Lublin 1999, s. 13–80.

Jan Paweł II, Adhortacja posynodalna o powołaniu i misji świeckich w Kościele i świecie *Christifideles laici*, Rzym, 30 XII 1988, Libreria Editrice Vaticana 1989.

Jan Paweł II, Encyklika o stałej aktualności posłania misyjnego *Redemptoris missio*, Rzym, 7 XII 1990, Wydawnictwo Wrocławskiej Księgarni Archidiecezjalnej TUM, Wrocław 1995.

Jan Paweł II, Konstytucja apostolska *Fidei depositum*, Rzym, 11 X 1992, OsRomPol. Rok XIV, nr 2 (250), luty 1993, s. 4–6.

Jan Paweł II, Encyklika o relacjach między wiarą a rozumem *Fides et ratio*, Rzym, 14 IX 1998, w: T. Styczeń, W. Chudy (red.), *Jan Paweł II, „Fides et ratio". Tekst i komentarze*, Wydawnictwo KUL, Lublin 2003, s. 11–87.

Jan Paweł II, Adhortacja apostolska o Jezusie Chrystusie, który żyje w Kościele, jako źródło nadziei dla Europy *Ecclesia in Europa*, Rzym, 28 VI 2003, Wydawnictwo M, Kraków 2003.

Jan Paweł II, Posynodalna adhortacja o biskupie słudze Ewangelii Jezusa Chrystusa dla nadziei świata *Pastores gregis*, Rzym, 16 X 2003, Wydawnictwo Św. Stanisława BM Archidiecezji Krakowskiej, Kraków 2003.

Benedykt XVI, Encyklika o miłości chrześcijańskiej *Deus caritas est*, Rzym, 25 XII 2005, Wydawnictwo M, Kraków 2006.

Benedykt XVI, Encyklika o nadziei chrześcijańskiej *Spe salvi*, Rzym, 30 XI 2007, Wydawnictwo M, Kraków 2007.

Benedykt XVI, Posynodalna adhortacja o Słowie Bożym w życiu i misji Kościoła *Verbum Domini*, Rzym, 30 IX 2010, Wydawnictwo M, Kraków 2010.

Benedykt XVI, List apostolski w formie motu proprio *Porta fidei*, Rzym, 11 X 2011, Wydawnictwo Biblos, Tarnów 2012, s. 5–24.

Benedykt XVI, *La nuova evangelizzazione è iniziata con il concilio Vaticano II*, „L'Osservatore Romano", wyd. włoskie codzienne, Roma, 21.09.2012, s. 8.

Benedykt XVI, *Pielgrzymka na pustyniach współczesnego świata. Homilia wygłoszona podczas Mszy św. na rozpoczęcie Roku Wiary w Rzymie 11 X 2012*, „L'Osservatore Romano", wyd. pol., 11 (2012), s. 8–10.

Synod Biskupów, XIII Zwyczajne Zgromadzenie Ogólne. Nowa Ewangelizacja dla przekazu wiary chrześcijańskiej, „Lineamenta", Rzym, 2 II 2011, Libreria Editrice Vaticana 2011.

Synod Biskupów, XIII Zwyczajne Zgromadzenie Ogólne, *Instrumentum laboris*, Rzym, 27 V 2012, Libreria Editrice Vaticana 2012.

Kongregacja Nauki Wiary, Nota Zawierająca wskazania duszpasterskie na Rok Wiary, Rzym, 6 I 2012, Wprowadzenie, w: Benedykt XVI, List apostolski w formie motu proprio *Porta fidei* ogłaszający Rok Wiary. Wskazania duszpasterskie na Rok Wiary. Nota Kongregacji Nauki Wiary, Biblos, Tarnów 2012, s. 25–44.

Kongregacja Nauki Wiary, Katechizm Kościoła Katolickiego, Rzym, 11 X 1992, wydanie II poprawione, Wydawnictwo Pallottinum, Poznań 2002.

Kongregacja Nauki Wiary, Deklaracja *Dominus Jesus*, Rzym, 6 VIII 2000, Libreria Editrice Vaticana 2000.

Papieska Rada ds. Krzewienia Nowej Ewangelizacji, *Żyć Rokiem Wiary. Program duszpasterski*, Częstochowa 2012.

II. OPRACOWANIA

Balthasar H., *Sobór Ducha Świętego: Apostolska Wizja Kościoła,* w: L. Balter, S. Dusza, F. Mickiewicz (red.), *Duch Odnowiciel.* Kolekcja Communio, t. 12, Wydawnictwo Pallottinum, Poznań 1998, s. 167–182.

Bargieł F., *Niektóre źródła współczesnego ateizmu*, w: F. Adamski, *Socjologia religii*, Wydawnictwo WAM, Kraków 1984, s. 481–506.

Brzuszek B., *Apostolskie funkcje wiernych*, w: L. Balter (red.), *Powołanie człowieka. Powołanie do apostolstwa*, t. 4, Wydawnictwo Pallottinum, Warszawa – Poznań 1975, s. 300–319.

Butler Ch., *Teologia Soboru Watykańskiego II*, Éditions du Dialogue, Paris 1971.

Congar Y., *Pneumatologia Soboru Watykańskiego II*, w: Y. Congar, *Wierzę w Ducha Świętego*, t. 1, Wydawnictwo Księży Marianów, Warszawa 1997, s. 227–234.

Darowski R., *Kościół wobec zjawiska ateizmu*, w: F. Adamski, *Socjologia religii*, Wydawnictwo WAM, Kraków 1983, s. 540–548.

Grabowski M., *Wiara w Jezusa – Syna Bożego w czasach New-Age'u*, „Homo Dei" 3 (2002), s. 11–19.

Gogacz M., *Ateizm znakiem czasów*, w: B. Bejze (red.), *W nurcie zagadnień posoborowych*, Wydawnictwo ss. Loretanek-Benedyktynek, Warszawa 1967, s. 87–116.

Gręś S., *Eschatologiczny wymiar obecności Ducha Świętego w ziemskim życiu człowieka,* w: L. Balter, S. Dusza, F. Mickiewicz (red.), *Duch Odnowiciel.* Kolekcja Communio, t. 12, Wydawnictwo Pallottinum Poznań 1998, s. 341–354.

Jan Paweł II, *Wierzę w Boga Ojca Stworzyciela*, Wydawnictwo Libreria Editrice Vaticana, Watykan 1987.

Jan Paweł II, *Wierzę w Ducha Świętego, Pana i Ożywiciela*, Wydawnictwo Libreria Editrice Vaticana, Ed. Aquila Bianca, Watykan 1992.

Jóźwiak S., *Wiara podstawowym dynamizmem moralnym osoby*, „Verbum Vitae" 5 (2004), s. 187–203.

Kijas Z.J., *Traktat o Duchu Świętym i łasce*, w: E. Adamiak, A. Czaja, J. Majewski (red.), *Dogmatyka*, t. 4, Biblioteka „Więzi", Warszawa 2007, s. 438–455.

Kowalczyk M., *Duch Święty w życiu i działalności Ludu Bożego*, w: L. Balter, S. Dusza, F. Mickiewicz (red.), *Duch Odnowiciel.* Kolekcja Communio, t. 12, Wydawnictwo Pallottinum, Poznań 1998, s. 183–217.

Niemiecka Konferencja Biskupów, *Katolicki katechizm dorosłych. Wyznanie wiary Kościoła*, Księgarnia św. Wojciecha, Poznań 1987, s. 36–57; 84–89; 221–222.

Paweł VI, *Trwajcie mocni w wierze*, t. 1, Wydawnictwo WAM, Kraków 1970.

Paweł VI, *Trwajcie mocni w wierze*, t. 2, Wydawnictwo WAM, Kraków 1974.

Poupard P., *Wiara i kultura. Współczesne wyzwania*, „Społeczeństwo" 5 (2002), s. 543–556.

Rahner K., *Nauka Soboru Watykańskiego II o ateizmie*, „Concilium", 1966/67, nr 1–10, s. 93–95.

Rahner K., *O możliwości wiary dzisiaj*, Wydawnictwo „Znak", Kraków 1965.

Rahner K., *Podstawowy wykład wiary. Wprowadzenie do pojęcia chrześcijaństwa,* Instytut Wydawniczy PAX, Warszawa 1987.

Rusecki M., *Rozum i wiara z perspektywy teologii fundamentalnej w świetle encykliki „Fides et ratio"*, „Analecta Cracoviensia" XXXIV (2002), s. 241–261.

Vorgrimler H., *Das Zweite vatikanische Konzil. Konstitutionen, Dekrete, und Erklärungen, lateinisch und deutsch, Kommentare,* Teil II, Verlag Herder, Freiburg 1967.

Wojtyła K., *U podstaw odnowy. Studium o realizacji Vaticanum II*, wydanie II, Polskie Towarzystwo Teologiczne, Kraków 1988.

Zuberbier A., *Wierzę... Dogmatyka w zarysie*, Księgarnia św. Jacka, Katowice 1969.

III. LITERATURA POMOCNICZA

Alfaro J., *Wiara*, „Concilium" 1966/67, nr 1–10, wyd. pol., s. 20–28.

Balter L., *Od wiary do teologii*, w: L. Balter, S. Dusza, F. Mickiewicz, *Podstawy wiary. Teologia.* Kolekcja Communio, t. 6, Wydawnictwo Pallottinum, Poznań 1991, s. 5–21.

Balter L., *Duch, który woła*, w: L. Balter (red.), *Powołanie człowieka. Powołanie do apostolstwa*, t. 4, Wydawnictwo Pallottinum, Warszawa – Poznań 1975, s. 35–47.

Balter L., *Zbawcza obecność Ducha Świętego w Kościele i w świecie*, „Homo Dei" 43 (1974), s. 167–176.

Beck U., *Risikogesellschaft. Auf dem Weg in eine andere Moderne*, Wydawnictwo Suhrkamp, Frankfurt a. M. 1986.

Bednarz M., *Między wiarą i miłością – nadzieja*, w: R. Darowski (red.), *Otwarci w wierze*, Wydawnictwo WAM, Kraków 1974, s. 116–129.

Bouyer L., *Kościół Boży*, Instytut Wydawniczy PAX, Warszawa 1977.

Brudz J., *Łaska Boża w psychologicznej analizie aktu wiary*, „Ateneum Kapłańskie" 1949 nr 50, s. 209–234.

Bukowski K., *Wiara odpowiedzią na łaskę*, w: Katechizm religii katolickiej, cz. 9, Wydawnictwo Wrocławskiej Księgarni Archidiecezjalnej, Wrocław 1982, s. 41–45.

Coffy R., *Bóg niewierzących*, Éditions du Dialogue, Paris 1968.

Colomb J., *Stawanie się wiary*, Instytut Wydawniczy PAX, Warszawa 1980.

Dalberto A., *Duch Święty w Nowym Testamencie, w Kościele i w życiu chrześcijańskim*, Wydawnictwo WAM, Kraków 2001.

Drążek Cz., *Przymnóż nam wiary*, w: R. Darowski (red.), *Otwarci w wierze*, Wydawnictwo WAM, Kraków 1974, s. 9–33.

Feiner J., Löhrer M., *Mysterium Salutis. Grundriß Heilsgeschichtlicher Dogmatik*, Band 1, Benziger Verlag, Einsiedeln, Zürich, Köln 1965.

Freeman L., *Od pierwszego wejrzenia. Doświadczenie wiary*, Wydawnictwo Benedyktynów, Tyniec 2012.

Fries H., *Wiara zakwestionowana*, Wydawnictwo Biblioteka „Więzi", Warszawa 1975.

Gawlik W., *Współczesna dynamika wiary*, „Znak" 1968, nr 20, s. 409–421.

Granat W., *Teologiczna wiara, nadzieja i miłość*, Towarzystwo Naukowe KUL, Lublin 1960.

Hajduk R., *Kontynuacja dzieła odkupienia, czyli o Communio, komunikacji i relacjach międzyosobowych w posłudze duszpasterskiej*, w: R. Hajduk, M. Kotyński (red.), *Ogarnięci tajemnicą Chrystusowego odkupienia*, Wydawnictwo Homo Dei, Kraków 2006, s. 125–145.

Hajduk R. *Posłani głosić dobrą nowinę. Podstawowy kurs homiletyczny*, Wydawnictwo Homo Dei, Kraków 2007,

Hajduk R., *Przyczyny erozji wiary chrześcijańskiej*, w: P.A. Sokołowski (red.), *Kontrchrześcijaństwo jako kontekst działalności misyjnej w XXI wieku*, Wydawnictwo MSD Księży Werbistów, Pieniężno 2009, s. 44–63.

Hajduk R., *Wierni świeccy w ewangelizacji kultury. Zasady i pola działania*, „Studia Elbląskie" 2012, t. XIII, s. 227–244.

Heinzmann J., *Wiara jest przyjaźnią*, Wydawnictwo Homo Dei, Kraków 2009.

Heschel A.J., *Wiara*, „W drodze" 1975, nr 10, s. 29–33.

Heschel A.J., *Bóg szukający człowieka, Podstawy filozofii judaizmu*, Wydawnictwo Esprit, Kraków 2007.

Jankowski A., *Duch Dokonawca*, Księgarnia św. Jacka, Katowice 1983.

Jankowski A., *Duch Święty Dokonawcą zbawienia. Nowy Testament o posłannictwie eschatologicznym Ducha Świętego*, Wydawnictwo WAM, Kraków 2003.

Jankowski A., *Wiara w Piśmie Świętym*, „Znak" 1973, nr 226–227, s. 529–540.

Kasper W., *Rzeczywistość wiary*, Instytut Wydawniczy PAX, Warszawa 1979.

Kirschläger W., *Hat Gott seinen Sohn in den Tod gegeben? – Zum biblischen Verständnis von Erlösung*, w: E. Christen, W. Kirschläger (red.), *Erlöst durch Jesus Christus*, Wydawnictwo Paulus, Freiburg Schweiz 2000, s. 29–70.

Klinger E., *Hierarchische Ämter und Laienämter*, w: E. Garhammer (red.), *Ecclesia semper reformanda. Kirchenreform als bleibende Aufgabe*, Wydawnictwo Echter, Würzburg 2006, s. 169–185.

Krenzer F., *Taka jest nasza wiara*, Éditions du Dialogue, Paris 1981.

Krucina J., *Wiara a Kościół jako wspólnota,* w: *W nurcie zagadnień posoborowych*, t. 4, Wydawnictwo ss. Loretanek-Benedyktynek Warszawa 1970, s. 105–128.

Łukaszyk R., *Osobowy charakter wiary religijnej*, w: B. Bejze (red.), *W kierunku człowieka*, Wydawnictwo ss. Loretanek-Benedyktynek, Warszawa 1971, s. 187–202.

Mariański J., *Socjologiczne motywy wiary*, „W drodze" 1975 nr 7, s. 11–19.

Mastej J., *Wiara*, w: M. Rusecki, K. Kaucha, I.S. Ledwoń, J. Mastej (red.). *Leksykon teologii fundamentalnej*, Wydawnictwo M, Lublin – Kraków 2002, s. 1323–1328.

Moeller Ch., *O teologii niewiary*, „Concilium" 1966/67, nr 1–10, s. 96–108.

Moysa S., *O pogłębienie teologii wiary*, „Collectanea Theologica" 1970, nr 40, s. 179–184.

Ozorowski E., *Fides qua – fides quae*, Rocznik Teologii Katolickiej, t. 8, Wydawnictwo Uniwersytetu w Białymstoku, Białystok 2009, s. 33–41.

Parzych-Blakiewicz K., *Teologia dialogu jako perspektywa myślenia eklezjalnego. Zarys problematyki*, „Filozofia Dialogu", t. 7, Wydział Teologiczny UAM, Poznań 2009, s. 151–166.

Parzych-Blakiewicz K., *Teologia historiozbawcza w dogmatyce polskiej XX wieku*, Wydawnictwo SQL, Olsztyn 2010.

Paszyński J., *Ateizm jest bardziej racjonalny niż wiara w Boga,* w: R. Hajduk (red.), *Współczesne herezje*, Wydawnictwo SQL, Olsztyn 2009, s. 9–24.

Perz Z., *Wiara a moralność*, w: B. Bejze (red.), *W nurcie zagadnień posoborowych*, t. 4, Wydawnictwo ss. Loretanek-Benedyktynek, Warszawa 1970, s. 149–169.

Pfammatter J., Glaube *nach der Heiligen Schrift,* w: J. Feiner, M. Löhrer, *Mysterium Salutis. Grundriss Heilsgeschichtlicher Dogmatik*, Band 1, Benziger Verlag, Einsiedeln, Zürich, Köln 1965, s. 796–816.

Pietraszko J., *Wiara punkt wyjścia w realizacji Synodu*, „Znak" 1973, nr 225, s. 305–313.

Przygoda W., *Apostolat świeckich w Polsce w czterdzieści lat po Soborze Watykańskim II*, w: A. Przybecki (red.), *Teologia Praktyczna, Uniwersytet im. Adama Mickiewicza. Wydział Teologiczny*, t. 7, Wydawnictwo Uniwersytetu w Poznaniu, Poznań 2006, s. 41–56.

Ratzinger J., *Raport o stanie wiary. Z Ks. Kardynałem Josephem Ratzingerem rozmawia Vittorio Messori*, Wydawnictwo Michalineum, Kraków – Warszawa 1989.

Ratzinger J., *Bóg i świat. Wiara i życie w dzisiejszych czasach. Z kardynałem Josephem Ratzingerem rozmawia Peter Seewald*, Wydawnictwo „Znak", Kraków 2001.

Ratzinger J., *Wprowadzenie w chrześcijaństwo*, Wydawnictwo „Znak", Kraków 1970.

Rogowski R., *Wiara żywa*, „W Drodze" 1974, nr 5, s. 25–31.

Rogowski R., *Teologia żywej wiary*, „Znak" 1972, nr 222, s. 1581–1594.

Rogowski R., *Teologiczne źródła niewiary*, „Ateneum Kapłańskie" 1973, nr 385, s. 261–271.

Roqueplo R., *O trudnościach wiary*, Instytut Wydawniczy PAX, Warszawa 1974.

Salij J., *Świadectwo wiary jako odpowiedź na współczesne jej zakwestionowanie*, „Ateneum Kapłańskie" 1973, nr 386, s. 390–402.

Schlosser H. *Wiara/Chrześcijaństwo*, w: A.Th. Khoura (red.), *Leksykon podstawowych pojęć religijnych. Judaizm, chrześcijaństwo, islam*, Instytut Wydawniczy PAX, Warszawa 1998, kol. 1133–1138.

Sesboüé B., *Wierzę. Wezwanie do wiary katolickiej dla kobiet i mężczyzn XXI wieku,* Wydawnictwo Księży Marianów, Księgarnia Św. Wojciecha, Warszawa – Poznań 2000.

Sesboüé B., Theobald Ch., *Historia Dogmatów*, w: B. Sesboüé (red.), *Słowo Zbawienia*, t. 4, Wydawnictwo M, Kraków 2003.

Sieg J., *Wiara Kościoła obecnego w świecie*, w: R. Darowski (red.), *Otwarci w wierze*, Wydawnictwo WAM, Kraków 1974, s. 49–79.

Stakemeier E., *Die Konzilskonstitution über die göttliche Offenbarung. Werden, Inhalt und theologische Bedeutung*, Verlag Bonifacius-Drukerei, Paderborn 1966.

Steeman T., *Psychologiczne i socjologiczne aspekty współczesnego ateizmu*, „Concilium" 1966/67, wyd. pol., s. 108–117.

Szafrański A.L., *Kairologia. Zarys nauki o Kościele w świecie współczesnym*, Towarzystwo Naukowe KUL, Lublin 1990, s. 203–267.

Trütsch J., *Theologische Explikation des Glaubens*, w: J. Feiner, M. Löhrer, Mysterium Salutis. *Grundriss Heilsgeschichtlicher Dogmatik*, Band 1, Benziger Verlag, Einsiedeln, Zürich – Köln 1965, s. 817–898.

Waldenfels H., *Chrześcijaństwo*, w: A.T. Khoury (red.), *Leksykon podstawowych pojęć religijnych. Judaizm, chrześcijaństwo, islam,* Instytut Wydawniczy PAX, Warszawa 1998, kol. 1224–1227.

Waldenfels H., *O Bogu, Jezusie Chrystusie i Kościele dzisiaj*, Księgarnia św. Jacka, Katowice 1993.

Weron E., *Świeccy w Kościele,* Éditions du Dialogue, Paris 1970.

Weron E., *Laikat i apostolstwo,* Éditions du Dialogue, Paris 1973.

Wesoły W., *Kapłan i laikat w Kościele*, w: S. Ropiak, M. Tunkiewicz (red.), *Sacerdos alter Chrystus. Kapłan w życiu i posłudze Kościoła na progu trzeciego tysiąclecia*, Wydział Teologii UWM, Olsztyn 2010, s. 375–387.

Wilkanowicz S., *Dlaczego i jak wierzę*, Wydawnictwo „Znak", Kraków 1969.

Winling R., *Teologia współczesna*, Wydawnictwo „Znak", Kraków 1990.

Wistuba H., *Życie wiarą*, „Katecheta" 1968, nr 12, s. 163–169.

Wodka A., *U źródeł odkupienia w Psalmach*, w: R. Hajduk, M. Kotyński (red.), *Ogarnięci tajemnicą Chrystusowego odkupienia*, Wydawnictwo Homo Dei, Kraków 2006, s. 11–32.

Witczyk H., *Encyklopedia chrześcijaństwa. Historia i współczesność. 2000 lat nadziei*, wersja polska, Wydawnictwo Jedność, Kielce 2000.

Zapłata F., *Wiara a misje*, w: *W nurcie zagadnień posoborowych*, t. 4, Wydawnictwo ss. Loretanek-Benedyktynek, Warszawa 1970, s. 129–147.

Zuberbier A., *Wiara*, w: A. Zuberbier (red.), *Słownik teologiczny*, Księgarnia św. Jacka, Katowice 1998, s. 629–634.

yes

I want morebooks!

Buy your books fast and straightforward online - at one of world's fastest growing online book stores! Environmentally sound due to Print-on-Demand technologies.

Buy your books online at

www.morebooks.shop

Kaufen Sie Ihre Bücher schnell und unkompliziert online – auf einer der am schnellsten wachsenden Buchhandelsplattformen weltweit! Dank Print-On-Demand umwelt- und ressourcenschonend produzi ert.

Bücher schneller online kaufen

www.morebooks.shop

KS OmniScriptum Publishing
Brivibas gatve 197
LV-1039 Riga, Latvia
Telefax: +371 686 204 55

info@omniscriptum.com
www.omniscriptum.com

Printed by Books on Demand GmbH, Norderstedt / Germany